2021
공기업 전공필기 경제학
최신기출문제

www.sdedu.co.kr

문항 및 시험시간

평가영역	문항 수	시험시간	비 고
공기업 전공필기 경제학	60문항	60분	

※ 문항 수와 시험시간은 기업별로 상이합니다.

미시경제학(22문항)

01
★★☆
다음 중 '자원의 희소성'에 대해 옳지 않은 것은?　┃ 한국가스공사

① 동일한 자원이라도 시대나 장소에 따라 달라질 수 있다.
② 사람의 욕구에 비해 자원이 부족하다는 의미이다.
③ 경제 문제의 근본적 발생 원인이 된다.
④ 자원의 절대적인 양이 적다면 자원이 희소하다고 볼 수 있다.
⑤ 합리적 의사결정이 필요한 이유는 자원의 희소성 때문이다.

02
★★☆
소담이는 졸업을 앞두고 A, B, C 회사에 지원하여 모두 합격하였다. A사는 3,500만 원, B사는 4,000만 원, C사는 3,000만 원의 연봉을 제시했고, 소담이는 B사에 입사하기로 했다. B사 입사에 대한 기회비용은 얼마인가?
┃ 한국보훈복지의료공단

① 3,000만 원　　　　　　　　　　　② 3,500만 원
③ 4,000만 원　　　　　　　　　　　④ 6,500만 원
⑤ 7,500만 원

03
★★☆
다음 중 저량변수에 해당하는 것을 모두 고르면?　┃ 대구신용보증재단

ㄱ. 투 자	ㄴ. 통화량
ㄷ. 국민소득	ㄹ. 물 가
ㅁ. 국제수지	ㅂ. 외 채

① ㄱ, ㄴ, ㄷ　　　　　　　　　　　② ㄱ, ㄹ, ㅂ
③ ㄴ, ㄹ, ㅂ　　　　　　　　　　　④ ㄴ, ㄷ, ㅁ
⑤ ㄹ, ㅁ, ㅂ

04 ★★★ 핫도그의 주원료인 밀가루 가격이 상승하고, 소비자의 소득은 감소하였다. 이때 나타난 현상으로 다음 중 옳은 것은?

▌대구신용보증재단

① 핫도그가 정상재인 경우 균형가격은 상승하고 균형수량은 감소한다.
② 핫도그가 정상재인 경우 균형가격은 상승하고 균형수량은 증가한다.
③ 핫도그가 정상재인 경우 균형가격은 하락하고 균형수량은 감소한다.
④ 핫도그가 열등재인 경우 균형가격은 상승하고 균형수량 변화는 불분명하다.
⑤ 핫도그가 열등재인 경우 균형가격은 변화가 불분명하고 균형수량은 감소한다.

05 ★★☆ 수요함수가 $Q_D = -3P + 100$, 공급함수가 $Q_S = 4P - 40$으로 주어졌을 때 균형가격(P^*)과 균형수량(Q^*)으로 적절한 것은?

▌대구신용보증재단

① $P^* = 10$, $Q^* = 40$
② $P^* = 20$, $Q^* = 40$
③ $P^* = 30$, $Q^* = 50$
④ $P^* = 40$, $Q^* = 50$
⑤ $P^* = 50$, $Q^* = 50$

06 ★★★ 수요함수가 $Q_D = 200 - 10P$일 때 수요의 가격탄력성을 구하면?

▌한국산업단지공단

① $\dfrac{P}{100 - 5P}$
② $\dfrac{P}{20 - P}$
③ $\dfrac{100 - 5P}{P}$
④ $\dfrac{20 - P}{P}$
⑤ $\dfrac{P}{20 + P}$

07 ★★☆ 영수의 연봉이 3,200만 원에서 3,680만 원으로 오른다면, 한 달에 6kg 먹던 소고기를 한 달에 8.7kg 먹게 된다고 한다. 소고기 소비에 대한 영수의 소득탄력성은 얼마인가? (단, 소고기 가격은 일정하다)

▌한국가스공사

① $\dfrac{1}{5}$
② $\dfrac{1}{3}$
③ 3
④ 5
⑤ $\dfrac{9}{16}$

08 ★★☆ 다음 중 수요의 탄력성에 대한 설명으로 옳지 않은 것은? ▮주택도시보증공사

① 소득탄력성은 소득이 변화할 때 재화의 수요가 얼마나 변화하는지를 나타낸다.

② 귀금속의 소득탄력성은 1보다 크다.

③ 생필품의 소득탄력성은 0보다 크고 1보다 작다.

④ 완전탄력적인 수요곡선을 가진 경우에는 가격이 변해도 수요의 변화가 없다.

⑤ 비탄력적인 재화의 가격이 하락하면 생산자의 총수입은 감소한다.

09 ★★☆ 수요함수가 $Q_D = 28 - 4P$, 공급함수가 $Q_S = 4 + 2P$로 주어졌을 때 시장균형에서의 소비자잉여를 구하면? ▮한국교통안전공단

① 9

② 18

③ 36

④ 54

⑤ 60

10 ★★☆ 종량세가 공급자에게 부과되는 경우에 대한 설명으로 옳은 것은? ▮한국남동발전

① 공급이 가격변화에 대해 탄력적일수록 세금에 대한 소비자의 조세부담은 작아진다.

② 수요가 가격변화에 대해 탄력적일수록 세금에 대한 소비자의 조세부담은 작아진다.

③ 수요가 가격변화에 대해 완전탄력적이면 세금은 소비자가 전적으로 부담한다.

④ 수요가 가격변화에 대해 완전비탄력적이면 세금은 생산자가 전적으로 부담한다.

⑤ 공급자에게 종량세를 부과하면 모든 세금을 생산자가 부담한다.

11 ★★☆ 무차별곡선(indifference curve)에 대한 설명으로 옳지 않은 것은? ▮신용보증기금

① 선호체계에 있어서 이행성(transitivity)이 성립한다면, 무차별곡선은 교차하지 않는다.

② 두 재화가 완전대체재일 경우의 무차별곡선은 우하향 직선이다.

③ 무차별곡선이 원점에 대해서 오목하게 생겼다는 것은 한계대체율 체감의 법칙이 성립하고 있다는 것을 의미한다.

④ 두 재화가 모두 비재화가 아닐 경우에만 상품조합이 원점에서 멀리 떨어질수록 더 높은 효용수준을 나타낸다.

⑤ 무차별곡선의 기울기는 한계대체율이다.

12
★★★
효용함수가 $U = m^{0.5}$(단, m = 소득, U = 효용)로 주어진 위험기피자가 있다. 이 사람 소득이 400만 원일 확률이 0.5이고 900만 원일 확률이 0.5일 때, 이 불확실한 소득의 위험프리미엄은 얼마인가?

▌주택도시보증공사

① 25만 원
② 50만 원
③ 75만 원
④ 100만 원
⑤ 125만 원

13
★★☆
등량곡선에 대한 설명으로 옳지 않은 것은?

▌한국관광공사

① 등량곡선은 서로 교차하지 않는다.
② 등량곡선이 원점으로 접근할수록 더 적은 산출량을 의미한다.
③ 기술진보가 이루어진다면 등량곡선은 원점으로부터 멀어진다.
④ 등량곡선이 원점에 대해 볼록한 이유는 한계기술대체율(marginal rate of technical substitution)이 체감하기 때문이다.
⑤ 등량곡선은 우하향하는 곡선이다.

14
★★☆
다음 생산비용과 관련된 내용 중 옳지 않은 것은?

▌한국가스공사

① 장기평균비용곡선은 단기평균비용곡선들의 포락선이다.
② 장기평균비용(LAC)곡선이 U자 형태를 취하는 경우, 장기평균비용곡선은 단기평균비용(SAC)곡선의 최저점들의 궤적이다.
③ 평균고정비용곡선은 직각쌍곡선의 형태로 도출된다.
④ 평균가변비용(AVC)이 최소로 될 때 한계비용(MC)과 평균가변비용은 동일하다.
⑤ 평균비용(AC)이 증가하면 한계비용(MC)은 반드시 증가하고, 한계비용은 평균비용보다 크다.

15
★★☆
대체탄력성(Elasticity Of Substitution)에 대한 설명으로 옳지 않은 것은?

▌캠코

① 생산함수가 $Q = (LK)^{0.5}$로 주어져 있다면 대체탄력성은 1이다.
② 생산함수가 $Q = (2L + 4K)$로 주어져 있다면 대체탄력성은 0에서 1 사이의 값을 갖는다.
③ 생산함수가 $Q = \min[2L, K]$로 주어져 있다면 대체탄력성은 0이다.
④ CES(Constant Elasticity of Substitution) 생산함수란 대체탄력성이 일정한 생산함수이다.
⑤ 생산요소가격비율이 1%로 변화할 때 생산요소투입비율이 몇 %가 변화하는지 나타낸다.

16 완전경쟁시장의 성립요건에 대한 설명으로 옳지 않은 것은? ┃한국중부발전

★★☆

① 다수의 수요자와 공급자가 존재한다.

② 모든 기업은 동질적인 재화를 생산한다.

③ 기업의 진입과 퇴출이 자유롭다.

④ 판매자와 구매자 모두 제품에 대해 완전한 정보가 있다.

⑤ 미래에 대한 불확실성이 존재한다.

17 완전경쟁시장에서 이윤극대화를 추구하는 개별기업의 장기총비용함수는 $C = q^3 - 8q^2 + 48q$로 동일하다. 이 시장의

★★★ 장기시장균형가격은? (단, C는 비용, q는 생산량, $q > 0$) ┃인천항만공사

① 12 ② 15

③ 32 ④ 35

⑤ 40

18 다음 중 가격차별의 사례로 옳지 않은 것은? ┃한국전기안전공사

★★☆

① 학생과 노인에게 영화표 할인

② 성수기의 비행기 가격 인상

③ 의복 브랜드의 노세일 전략

④ 신문의 할인 쿠폰

⑤ 비수기의 호텔 요금 할인

19 과점시장의 특징에 대한 설명으로 옳지 않은 것은? ┃한국교통안전공단

★★☆

① 시장에는 소수의 기업만 존재한다.

② 기업 간 상호의존성이 강하다.

③ 희소한 자원이 비효율적으로 사용된다.

④ 가장 치열한 비가격 경쟁시장이다.

⑤ 과점시장의 개별 기업에서는 전략적 행동이 나타나지 않는다.

20
★★☆

다음 중 게임이론에 대한 설명 중 틀린 것은?   ▮기업은행

① 우월전략균형은 내쉬균형에 포함된다.

② 내쉬균형이란 상대방의 전략이 주어져 있을 때 자신의 입장에서 최적인 전략을 선택하여 형성된 균형상태를 뜻한다.

③ 내쉬균형은 항상 파레토효율적인 자원배분을 보장한다.

④ 우월전략이란 상대방이 어떤 전략을 선택하느냐에 관계없이 자신에게 언제나 더 유리한 결과를 가져다주는 전략이다.

⑤ 내쉬조건은 상대방이 현재의 전략을 그대로 유지한다고 할 때, 자신만 일방적으로 전략을 바꿈으로써 이득을 볼 수 없다는 조건이다.

21
★★☆

코즈(R.Coase)는 사유재산제를 통하여 부정적 외부효과를 해결할 수 있다고 보았다. 부정적 외부효과에 대한 해결방법으로 가장 옳은 것은?   ▮예금보험공사

① 정부가 부정적 외부효과를 발생시키는 경제주체에 조세를 부과한다.

② 정부가 부정적 외부효과로 피해를 입는 경제주체에 보조금을 부과한다.

③ 부정적 외부효과를 발생시키는 경제주체와 피해를 입는 경제주체 어느 누구에게 소유권을 부여해도 무관하다.

④ 정부가 부정적 외부효과로 피해를 입는 경제주체에 소유권을 부여한다.

⑤ 정부가 부정적 외부효과를 발생시키는 경제주체에 소유권을 부여한다.

22
★☆☆

다음은 정보의 비대칭성에 의해 발생하는 문제이다. 보험과 관련된 다음의 두 가지 현상을 일컫는 용어로 바르게 연결한 것은?   ▮기업은행

ㄱ. 산업재해보험에 가입한 사람은 재해를 입은 후 필요보다 더 오래 입원치료를 받는다.
ㄴ. 건강한 사람보다 건강이 좋지 않은 사람이 건강보험에 가입할 가능성이 더 크다.

	ㄱ	ㄴ
①	역선택	역선택
②	역선택	도덕적 해이
③	도덕적 해이	역선택
④	도덕적 해이	도덕적 해이
⑤	역선택	주인-대리인 문제

거시경제학(22문항)

23
★★☆

어느 국가가 아래의 표와 같이 쌀과 컴퓨터 두 재화만 생산하고 있다고 한다면, 2021년의 GDP디플레이터를 계산한 값으로 옳은 것은?

┃한국교통안전공단

구 분	쌀		컴퓨터	
	가 격	수 량	가 격	수 량
2020년(기준연도)	10만 원	300	150만 원	40
2021년	20만 원	200	100만 원	50

① 94.7

② 95.7

③ 100

④ 111.1

⑤ 112.1

24
★★★

국민경제가 다음과 같이 구성되어 있을 때 균형GDP를 계산한 값으로 옳은 것은? (단, C : 소비, DI : 가처분소득, I : 투자, G : 정부지출, T : 조세, NX : 순수출)

┃신용보증기금

- $C = 300 + 0.75DI$
- $G = 1,300$
- $NX = -100$
- $I = 900$
- $T = 1,200$

① 4,600

② 6,000

③ 7,600

④ 8,000

⑤ 9,600

25
★☆☆

중앙은행에서 채권의 공개시장 매도와 정부의 세금감면이 동시에 실시되었다고 한다. $IS-LM$모형으로 이러한 정책의 결과를 분석할 때 다음 중 반드시 성립하는 것은?

┃대구신용보증재단

① 산출수준의 감소
② 산출수준의 증가
③ 이자율의 하락
④ 이자율의 상승
⑤ 산출수준과 이자율이 모두 상승

26 $AD-AS$모형이 다음과 같이 주어져 있다고 한다. 이때 통화량(M) = 1,200이고 기대물가수준(P^e) = 50이라고 한다면, 장기적으로 물가수준(P)이 결정되는 값으로 옳은 것은?
★★★　　　❚캠코

$$AD : Y = 300 + 10\left(\frac{M}{P}\right)$$
$$AS : Y = 500 + (P - P^e)$$

① 40　　　　　　　　　　　　　　② 50
③ 60　　　　　　　　　　　　　　④ 70
⑤ 80

27 현금통화비율 = 0, 법정지급준비율 = 0.15, 초과지급준비율 = 0.1이라고 한다면, 통화량을 2억 원 증가시키기 위해서는 본원통화의 공급을 얼마나 증가시켜야 하는가?
★★☆　　　　　　　　　　　　　　　　　　　　　　　　　　　　　　　　　　　　❚한국남동발전

① 2천만 원　　　　　　　　　　　② 3천만 원
③ 4천만 원　　　　　　　　　　　④ 5천만 원
⑤ 6천만 원

28 통화량증가율 = 10%, 실질경제성장률 = 5%, 실질이자율 = 0%일 때 화폐유통속도가 일정하다고 가정한다면, 화폐수량설과 피셔효과를 이용하여 도출한 내용으로 다음 중 옳은 것은?
★★★　　　　　　　　　　　　　　　　　　　　　　　　　　　　　　　　　　　　　❚한국거래소

① 인플레이션율이 5%, 명목이자율이 10%이다.
② 인플레이션율과 명목이자율이 모두 5%이다.
③ 인플레이션율이 2%, 명목이자율이 5%이다.
④ 인플레이션율과 명목이자율이 모두 10%이다.
⑤ 인플레이션율과 명목이자율이 모두 2%이다.

29 다음 중 실업과 관련된 설명으로 옳지 않은 것은?
★☆☆　　　　　　　　　　　　　　　　　　　　　　　　　　　　　　　　　　　❚한국지역난방공사

① 실업률이 증가할 때 통상적으로 청년들과 미숙련 노동자들의 실업률이 상승한다.
② 경제활동참가율이 떨어지면 실업률이 하락할 수도 있다.
③ 1주일에 한 시간씩 일하고 그 대가를 받는 사람은 실업자가 아니다.
④ 자연실업률은 경기적 실업이 0인 상태를 말한다.
⑤ 직장을 구하다 구직활동을 포기한 사람이 많아지면 실업률은 높아진다.

30 어느 경제의 인구 구성이 다음과 같다면, 경제활동참가율과 실업률을 계산한 값으로 옳은 것은?   ǀ 한국산업단지공단
★★☆

> • 총인구 : 4,000만 명
> • 15세 미만 인구 : 1,500만 명
> • 비경제활동인구 : 1,000만 명
> • 실업자 : 50만 명

① 경제활동참가율 : 60%, 실업률 : 0.8%
② 경제활동참가율 : 60%, 실업률 : 2%
③ 경제활동참가율 : 75%, 실업률 : 2%
④ 경제활동참가율 : 60%, 실업률 : 3.3%
⑤ 경제활동참가율 : 75%, 실업률 : 3.3%

31 다음 중 필립스곡선에 대한 설명으로 옳지 않은 것은?   ǀ 국민연금공단
★★☆

① 원유가격 인상 등 공급교란이 발생하여도 필립스곡선은 변동이 없다.
② 수직의 총공급곡선 하에서 총수요가 변하면 필립스곡선은 수직이다.
③ 우상향하는 총공급곡선 하에서 총수요가 변하면 필립스곡선은 우하향한다.
④ 우하향하는 총수요곡선 하에서 총공급이 변하면 필립스곡선은 우상향한다.
⑤ 통화당국이 기대물가상승률을 낮추게 되면 필립스곡선은 하향이동한다.

32 어느 한 경제의 필립스곡선이 $\pi_t - \pi_t^e = 15 - 3u_t$로 주어져 있다고 한다. 이때 기대인플레이션 π_t^e는 전기의 실제인
★★★ 플레이션율 π_{t-1}과 항상 같고, $t-1$기에 이 경제의 실업률이 자연실업률과 같았다고 한다면 자연실업률을 계산한
값으로 옳은 것은?   ǀ 주택도시보증공사

① 3%   ② 4%
③ 5%   ④ 6%
⑤ 7%

33 다음 중 본원통화가 증가하는 경우로 옳은 것은?   ǀ 한국장학재단
★☆☆

① 중앙은행이 재할인율을 인하하는 경우
② 중앙은행이 국채를 매각하는 경우
③ 중앙은행의 매입외환이 매각외환보다 적은 경우
④ 환매채(RP)가 증가하는 경우
⑤ 중앙은행의 예금은행에 대한 여신이 수신보다 적은 경우

34 다음 중 항상소득가설에 대한 설명으로 옳지 않은 것은?　　|캠코
★☆☆

① 임시소득의 비중이 크면 평균소비성향이 낮아진다.

② 장기에 있어서는 $MPC = APC$가 성립한다.

③ 승진으로 인한 임금상승이 소비에 미치는 영향은 매우 크다.

④ 같은 시점에서 조사해보면 평균소비성향은 소득이 높은 사람이 소득이 낮은 사람에 비해 낮다.

⑤ 정부가 조세를 단기에만 변화시킬 때 장기간 변화시킬 때보다 소비에 미치는 효과가 커진다.

35 재정지출 증가의 구축효과에 대한 설명으로 옳은 것은?　　|국민연금공단
★☆☆

① 재정지출의 증가는 경기회복을 초래하여 실업률을 떨어뜨린다.

② 재정지출 증가는 물가상승을 초래하여 소비지출의 비중을 감소시킨다.

③ 재정지출이 증가하면 환율이 상승하며 해외로부터의 수입을 감소시킨다.

④ 재정지출의 증가는 이자율 상승을 초래하여 민간투자의 위축을 초래한다.

⑤ 재정지출의 증가는 통화량 증가를 동반하여 실질임금을 떨어뜨린다.

36 다음 중 통화승수가 증가하는 요인으로 옳은 것은?　　|캠코
★☆☆

① 법정지급준비율의 증가

② 예금이자율의 상승

③ 은행파산에 따른 예금자의 우려 증가

④ 명절 때 현금보유의 증가

⑤ 전자화폐의 사용 감소

37 단기 총공급곡선이 수평이고, 장기 총공급곡선이 수직인 경우 통화공급의 증가가 장단기에 미치는 효과에 대한 설명으
★★★ 로 다음 중 옳은 것은?　　|한국교통안전공단

① 단기에는 소득만 증가하고, 장기에는 물가만 상승한다.

② 단기에는 물가만 상승하고, 장기에는 소득만 증가한다.

③ 단기에는 물가와 소득에 영향이 없지만, 장기에는 물가와 소득이 모두 증가한다.

④ 단기에는 물가와 소득이 모두 증가하고, 장기에는 물가만 상승한다.

⑤ 단기에는 물가와 소득이 모두 증가하고, 장기에는 물가와 소득에 모두 영향이 없다.

38
★★★
거시경제모형이 다음 보기와 같다면, 외생적인 투자가 100만큼 증가할 때 균형국민소득의 변화량으로 다음 중 옳은 것은?

▍경남신용보증재단

- $Y = C + I + G$
- $C = 15 + 0.4\,Y_d$
- $Y_d = Y - T$
- $T = 0.5\,Y$

(Y : 국민소득, I : 민간투자, G : 정부지출, C : 소비, Y_d : 가처분소득, T : 조세)

① 100만큼 증가
② 125만큼 증가
③ 150만큼 증가
④ 175만큼 증가
⑤ 200만큼 증가

39
★☆☆
다음 중 GDP의 개념에 대한 설명으로 옳지 않은 것은?

▍한국지역난방공사

① 국내의 외국인 기업의 생산은 GDP에 산정된다.
② GDP는 일정기간 동안 측정되므로 유량변수이다.
③ 가사서비스 생산은 시장에서 생산된 것이 아니므로 GDP에 산정되지 않는다.
④ 빈곤층을 위한 정부 보조금 지출은 GDP 산정에 포함되지만, 연말까지 팔리지 않은 중간재 생산량은 포함되지 않는다.
⑤ 자가주택에서 얻는 서비스의 가치인 귀속임대료는 GDP에 산정된다.

40
★★☆
폐쇄경제를 가정할 때, 다음 보기 중 실질이자율에 대한 설명으로 옳은 것을 모두 고르면?

▍서울시설공단

㉠ 고전학파와 케인즈학파 모두 통화량 증가는 실질이자율의 하락을 가져오는 것으로 설명한다.
㉡ 고전학파 이론에 의하면 실질이자율은 대부자금시장에서 저축과 투자가 일치되도록 결정된다.
㉢ 가격경직성을 가정하는 케인즈학파에 의하면 단기 실질이자율은 화폐시장에서 수요와 공급이 일치되도록 결정된다.
㉣ 고전학파와 케인즈학파 모두 실질이자율의 하락은 투자지출의 증가를 가져오는 것으로 설명한다.

① ㉠, ㉡, ㉢
② ㉠, ㉡, ㉣
③ ㉡, ㉢, ㉣
④ ㉠, ㉢, ㉣
⑤ ㉠, ㉡, ㉢, ㉣

41 ★☆☆ 다음 중 인플레이션에 대한 설명으로 옳은 것은?　｜한국지역난방공사

① 예상된 인플레이션이 예상하지 못한 인플레이션에 비해 보다 큰 부의 재분배를 야기한다.

② 중앙은행은 인플레이션을 진정시키기 위해 국공채를 매입한다.

③ 화폐유통속도가 불안정하더라도 통화량증가율의 상승은 동일한 정도의 물가상승률 증가로 연결된다.

④ 피셔방정식에 따르면 예상된 인플레이션은 실질금리에 반영된다.

⑤ 화폐수량설이 성립하면 인플레이션은 반드시 통화량 증가와 함께 나타난다.

42 ★★★ 어느 한 국가의 자본의 연평균증가율은 6%, 노동의 연평균증가율은 3%이고, 국민소득 중 노동에 분배된 비중이 3분의 2이며, 신고전학파 성장모형의 성장회계 방법으로 계산한 총요소생산성 연평균증가율이 1%라고 한다면, 이 국가의 연평균 경제성장률을 계산한 값으로 다음 중 옳은 것은?　｜국민연금공단

① 4%
② 5%
③ 6%
④ 7%
⑤ 8%

43 ★★★ 솔로우(Solow)의 성장모형에서 1인당 생산함수가 $y = k^{\frac{1}{2}}$ (y : 1인당 생산량, k : 1인당 자본량)이고, 저축율이 20%, 감가상각률이 5%라면 안정상태(Steady state)에서의 1인당 생산량과 1인당 소비량을 계산한 값으로 옳은 것은? (단, 인구증가율이나 기술진보가 없다고 가정)　｜한국관광공사

① 1인당 생산량 : 2, 1인당 소비량 : 1.4

② 1인당 생산량 : 3, 1인당 소비량 : 2.6

③ 1인당 생산량 : 4, 1인당 소비량 : 3.2

④ 1인당 생산량 : 5, 1인당 소비량 : 4.0

⑤ 1인당 생산량 : 6, 1인당 소비량 : 4.2

44 ★★☆ 다음 중 투자함수에 관한 설명으로 옳지 않은 것은?　｜인천항만공사

① 주어진 이자율에서 자본의 한계생산성이 증가하면 투자수요가 감소한다.

② 내부수익률법에 따르면 이자율보다 내부수익률이 더 높아야 투자가 이루어진다.

③ 토빈의 q는 주식시장에서 평가된 기업의 시장가치를 기업의 실물자본 대체비용으로 나눈 값이다.

④ 가속도 원리에 의하면 투자는 소득 또는 생산의 증가함수이다.

⑤ 투자지출은 소비지출보다 GDP에서 차지하는 비중은 작지만 경기변동에 더 민감하게 반응한다.

국제경제학(10문항)

45
★★☆

한국은 1년 동안 쌀 200가마 또는 자동차 5대를 생산할 수 있고, 일본은 1년 동안 쌀 100가마 또는 자동차 2대를 생산할 수 있다고 한다면, 다음 중 옳은 것은?　　　　‖ 한국중부발전

① 한국은 일본에 비해 쌀과 자동차 생산에 모두 비교우위가 있다.

② 무역 후 자동차 1대의 상대가격이 쌀 40가마와 50가마 사이에서 결정되면 한국과 일본이 모두 무역의 이득을 얻는다.

③ 한국은 쌀 생산에, 일본은 자동차 생산에 특화하여 무역을 하면 양국 모두 이득을 얻을 수 있다.

④ 한국과 일본 간에 무역이 이루어지면 한국은 이득을 얻으나, 일본은 손해를 본다.

⑤ 한국과 일본 간에 무역이 이루어지면 일본은 이득을 얻으나, 한국은 손해를 본다.

46
★★★

명목환율이 10% 하락하고, 국내물가가 4% 상승, 외국물가가 6% 상승한다면 실질환율의 변화를 설명한 것으로 다음 중 옳은 것은?　　　　‖ 한국남동발전

① 6% 하락한다.

② 8% 하락한다.

③ 10% 하락한다.

④ 12% 하락한다.

⑤ 변화 없다.

47
★★☆

구매력평가설에 의하여 미국의 물가상승률이 우리나라의 물가상승률보다 높을 때 원화로 표시한 달러의 환율변화에 대한 설명으로 다음 중 옳은 것은?　　　　‖ 주택도시보증공사

① 명목환율이 상승한다.

② 명목환율이 하락한다.

③ 실질환율이 상승한다.

④ 실질환율이 하락한다.

⑤ 명목환율은 변동하지 않는다.

48
★☆☆
원화와 엔화가 달러화에 비해 모두 강세를 보이고 있을 때, 원화의 강세가 엔화에 비해 상대적으로 더 강하다고 한다면, 나타나는 현상에 대한 다음 설명 중 옳지 않은 것은?　　ǀ 한국관광공사

① 미국에 수출하는 우리나라 제품의 가격 경쟁력은 일본에 비해 떨어진다.
② 일본산 부품을 사용하는 우리나라 기업의 생산비용은 증가한다.
③ 미국이 한국과 일본에서 수입하는 제품의 가격이 상승한다.
④ 일본을 여행하는 우리나라 관광객의 부담이 줄어든다.
⑤ 엔화표시 채무를 가지고 있는 우리나라 기업의 원리금 상환부담이 감소한다.

49
★☆☆
다음 중 평가절하로 경상수지가 개선되는 경우로 옳은 것은? (단, 탄력성은 모두 절댓값으로 표시한다.)
　　ǀ 주택도시보증공사

① 수입수요의 가격탄력성 = 0.0, 수출공급의 가격탄력성 = 0.0
② 수입수요의 가격탄력성 = 0.1, 수출공급의 가격탄력성 = 0.3
③ 수입수요의 가격탄력성 = 0.2, 수출공급의 가격탄력성 = 0.4
④ 수입수요의 가격탄력성 = 0.4, 수출공급의 가격탄력성 = 0.5
⑤ 수입수요의 가격탄력성 = 0.5, 수출공급의 가격탄력성 = 0.6

50
★★☆
다음 중 J-curve효과에 대한 설명으로 옳은 것은?　　ǀ 한국지역난방공사

① 경상수지를 개선시키기 위해서는 충분한 정도의 평가절하가 있어야 한다.
② 환율변화는 시차를 두고 자본수지에 영향을 미친다.
③ 환율변화는 시차를 두고 순수출에 영향을 미친다.
④ 평가절하가 경상수지를 개선시키지 못하는 이유는 수입수요의 가격탄력성이 장기적으로 비탄력적이기 때문이다.
⑤ 환율은 단기보다 장기에 훨씬 더 큰 폭으로 변화한다.

51
★★☆
다음 중 환율하락의 효과로 옳은 것은?　　ǀ 한국보훈복지의료공단

① 수출의 감소
② 물가의 상승
③ 대외부채의 상환부담 증가
④ 경상수지의 호전
⑤ 총수요 증가

52 환율의 오버슈팅(Overshooting) 현상에 대한 설명으로 가장 적절한 것은?
★★★
　　　　　　　　　　　　　　　　　　　　　　　　　　　　　　　　　　　　I 주택도시보증공사

　① 환율의 경직성
　② 이자율의 경직성
　③ 고용의 경직성
　④ 물가의 경직성
　⑤ 통화량의 경직성

53 자본이동이 자유로운 소규모 개방경제가 변동환율제를 채택하고 있다고 가정한다면, 다음 중 물가가 고정인 단기에서
★★★ 재정지출의 증가가 경제에 미치는 효과에 대한 설명으로 가장 옳은 것은?
　　　　　　　　　　　　　　　　　　　　　　　　　　　　　　　　　　　　I 한국지역난방공사

　① 국민소득은 증가하고, 환율은 평가절상된다.
　② 국민소득은 증가하고, 환율은 평가절하된다.
　③ 국민소득은 감소하고, 환율은 평가절하된다.
　④ 국민소득은 불변이고, 환율은 평가절상된다.
　⑤ 국민소득과 환율이 모두 불변이다.

54 한국의 시장금리는 연 8%, 미국의 시장금리는 연 4%이고, 현물환율이 1달러당 1,200원이라고 한다. 다음 중 이자율평
★★☆ 가설에 의한 3개월 후 미래 현물환율을 계산한 값으로 옳은 것은?
　　　　　　　　　　　　　　　　　　　　　　　　　　　　　　　　　　　　I 주택도시보증공사

　① 1,200원
　② 1,210원
　③ 1,212원
　④ 1,220원
　⑤ 1,224원

재정학(3문항)

55 조세의 전가와 귀착에 관한 설명으로 옳지 않은 것은?   ▎한국가스안전공사

★★☆

① 독점시장의 경우 조세 부담은 소비자에게 모두 전가되지는 않는다.

② 법인세의 법적 부담자는 기업이지만 법인세 과세로 인해 상품가격이 인상된다면 소비자에게도 세부담이 전가된다.

③ 국민연금제도에서 기여금은 법적으로는 고용주와 근로자가 1/2씩 부담하지만 실질적인 부담은 노동의 수요 및 공급의 임금탄력성에 따라 결정된다.

④ 독점시장에서는 공급곡선의 형태에 따라 귀착은 달라진다.

⑤ 독점시장에서 종량세와 종가세가 미치는 효과는 상이하다.

56 램지원칙과 역탄력성원칙에 관한 설명으로 옳지 않은 것은?   ▎한국지역난방공사

★★☆

① 램지원칙은 효율성을 고려한 과세 원칙이다.

② 역탄력성원칙이 램지원칙에 비해 일반적인 원칙이다.

③ 역탄력성원칙에 따르면 효율성을 제고하기 위해서 수요의 가격탄력성에 반비례하게 과세해야 한다.

④ 역탄력성원칙에 따르면 필수재에 대해서는 높은 세율로 과세해야 한다.

⑤ 램지원칙에 따르면 모든 상품의 보상수요량에 똑같은 비율의 감소가 일어나도록 세율 구조로 만들어야 한다.

57 중위투표자 정리에 관한 설명으로 옳지 않은 것은?   ▎한국지역난방공사

★★☆

① 양당제를 운영하고 있는 국가에서 정치적 성향이 대치되는 두 정당의 선거 공약이 차별화되는 것과 관련이 있다.

② 선호가 모든 투표자 선호의 한 가운데 있는 사람을 중위투표자라 한다.

③ 이 정리에 의한 정치적 균형이 항상 파레토 효율성을 가져오는 것은 아니다.

④ 투표자의 선호가 다봉형이 아닌 단봉형일 때 성립한다.

⑤ 가장 많은 국민들의 지지를 확보하려는 정치가는 중위투표자의 지지를 얻어야 하는 것으로 해석할 수 있다.

계량경제학(3문항)

58 다음 중 다중공선성에 대한 설명으로 가장 옳지 않은 것은?　　　｜무역보험공사
★★☆

① 다중공선성은 독립변수들 사이에 상관관계가 있는 현상을 의미한다.

② 다중공선성이 존재하면 회귀계수의 해석이 불가능하다.

③ 분산팽창계수가 1 이상이면 다중공선성을 의심해야 한다.

④ 다중공선성의 정도가 심할수록 다중회귀계수의 분산값은 커진다.

⑤ 다중공선성 현상이 모집단에서가 아니라 표본에서 나타나는 현상에 불과하더라도 종속변수에 대한 설명변수들의 개별적인 영향을 구분할 수 없게 만든다.

59 어느 회사는 노조와 협의하여 오후의 중간 휴식시간을 20분으로 정하였다. 그런데 총무과장은 대부분의 종업원이 규정
★★★ 된 휴식시간보다 더 많은 시간을 쉬고 있다고 생각하고 있다. 이를 확인하기 위하여 전체 종업원 1,000명 중에서 25명을 조사한 결과 표본으로 추출된 종업원의 평균 휴식시간은 22분이고 표준편차는 3분으로 계산되었다. 유의수준 5%에서 총무과장의 의견에 대한 가설검정 결과로 옳은 것은? (단, $t_{(0.05,\ 24)} = 1.711$)　　　｜무역보험공사

① 검정통계량 t < 1.711 이므로 귀무가설을 기각한다.

② 검정통계량 t < 1.711 이므로 귀무가설을 채택한다.

③ 종업원의 실제 휴식시간은 규정시간 20분보다 더 길다고 할 수 있다.

④ 종업원의 실제 휴식시간은 규정시간 20분보다 더 짧다고 할 수 있다.

⑤ 종업원의 실제 휴식시간은 규정시간 20분과 같다고 할 수 있다.

60 두 변수 x와 y의 관찰값이 다음과 같을 때 최소제곱법으로 추정한 회귀식으로 옳은 것은?　　　｜무역보험공사
★★★

x	6	7	4	2	1
y	8	10	4	2	1

① $\hat{y} = 1 - 2x$　　　　　　　　② $\hat{y} = 1 + 2x$

③ $\hat{y} = -4 + x$　　　　　　　　④ $\hat{y} = 1 - 1.5x$

⑤ $\hat{y} = -1 + 1.5x$

MEMO

제1회
공기업 전공필기 경제학 실제유형 모의고사

문항 및 시험시간

평가영역	문항 수	시험시간	비 고
공기업 전공필기 경제학	60문항	60분	

※ 문항 수와 시험시간은 기업별로 상이합니다.

※ 이 자료는 저작권법에 의해 보호를 받는 저작물이므로 동영상 제작 및 무단전재와 복제를 금합니다.

제1회 실제유형 모의고사

문 항 수 : 60문항
응시시간 : 60분

미시경제학(22문항)

01 다음 중 기회비용에 대한 설명으로 옳지 않은 것은? | 코스콤
★★☆

① 기회비용은 일반적으로 0보다 크거나 같다.
② 기회비용은 화폐단위로 측정할 수 없다.
③ 건물소유자가 자신의 건물에서 사업을 할 때의 기회비용은 임대를 통한 임대수입이다.
④ 기회비용의 개념은 경제학에서의 비용개념과 같다.
⑤ 경제주체의 합리적 선택은 기회비용의 관점에서 고려되어야 한다.

02 다음 중 생산가능곡선에 대한 설명으로 옳지 않은 것은? | 한국보훈복지의료공단
★★☆

① 생산가능곡선의 기울기는 한 재화를 생산함에 따라 포기해야 할 재화의 양, 즉 기회비용을 의미한다.
② 한계전환율은 생산가능곡선 기울기의 절댓값이다.
③ 생산가능곡선이 원점에 대하여 볼록하면 기회비용이 체감한다.
④ 실업이 증가하면 생산가능곡선이 안쪽으로 이동한다.
⑤ 생산요소가 증가하면 생산가능곡선이 바깥쪽으로 이동한다.

03 X재는 열등재라고 한다. 소비자의 소득이 감소한 경우의 변화로 옳은 것을 모두 고르면? | 인천국제공항공사
★★★

a. X재의 매출액이 감소한다.
b. X재의 거래량은 증가한다.
c. X재 생산에 대한 기술진보가 일어나는 경우 X재 균형거래량은 증가하며 가격변화 방향은 알 수 없다.
d. X재와 대체관계에 있는 정상재 Y의 수요는 감소한다.

① a, b
② b, c
③ a, b, c
④ a, c, d
⑤ b, c, d

04 다음 중 수요의 가격탄력성에 대한 설명으로 옳은 것은?
★★☆ ┃ 한국마사회

① 수요곡선이 우하향하는 직선의 형태를 띠면 직선상의 모든 점에서 가격탄력성이 일정하다.

② 수요의 가격탄력성은 수요곡선상의 한 점에서의 기울기와 같다.

③ 수요의 가격탄력성이 클수록 대체재가 적다.

④ 수요의 가격탄력성이 1보다 작으면 가격이 상승함에 따라 소비자의 총지출은 증가한다.

⑤ 완전탄력적인 재화의 수요곡선은 수직선의 형태를 띤다.

05 갑은 소득 변화와 무관하게 한 달에 10ℓ를 주유하고, 을의 주유변화율은 소득변화율과 같다. 갑, 을의 휘발유 수요의
★★★ 소득탄력성으로 옳은 것은? ┃ 한국가스기술공사

① 갑 : 탄력적, 을 : 비탄력적

② 갑 : 탄력적, 을 : 완전비탄력적

③ 갑 : 비탄력적, 을 : 완전탄력적

④ 갑 : 단위탄력적, 을 : 비탄력적

⑤ 갑 : 완전비탄력적, 을 : 단위탄력적

06 노동의 수요곡선이 $W = -L + 12,000$이고 노동의 공급곡선이 $W = L$이라고 한다. 최저임금을 8,000원으로 설정
★★☆ 했을 때 경제적 손실(Deadweight Loss)은 얼마인가? (단, 임금은 '원/시간'을 의미하고 고용량은 1일 고용시간을 의
미한다.) ┃ 한국마사회

① 100만 원

② 200만 원

③ 400만 원

④ 800만 원

⑤ 1,000만 원

07 생산자에게 종량세가 부과되었을 때, 다음 설명 중 옳지 않은 것은?
★★☆ ┃ 대전시설관리공단

① 가격에 대하여 수요가 공급보다 탄력적이라면 생산자의 부담이 소비자의 부담보다 크다.

② 가격에 대하여 공급이 수요보다 탄력적이라면 소비자의 부담이 생산자의 부담보다 크다.

③ 공급곡선이 우상향하고 수요가 가격에 대하여 완전탄력적이라면 소비자가 전부 부담한다.

④ 수요곡선이 우하향하고 공급이 가격에 대하여 완전탄력적이라면 소비자가 전부 부담한다.

⑤ 부과대상이 누구인가는 조세귀착의 크기와 관계가 없다.

08 무차별곡선에 대한 설명 중 옳지 않은 것은?　　　　　　　　　　　　　　　　　　　　　| 수협중앙회
★☆☆

① 동일한 무차별곡선상의 모든 점에서 효용이 동일하다.
② 무차별곡선이 원점에 대하여 볼록한 것은 한계대체율이 체증하기 때문이다.
③ 서로 다른 무차별곡선은 교차할 수 없다.
④ 대체관계에 있는 두 재화의 무차별곡선은 우하향하는 직선의 형태를 나타낸다.
⑤ 무차별곡선은 서수적 효용이론에는 적용되지만 기수적 효용이론에는 적용되지 않는다.

09 현시선호이론에 대한 설명으로 다음 중 옳지 않은 것은?　　　　　　　　　　　　　　| 한국자산관리공사
★★☆

① 현시선호이론은 소비행위의 결과를 토대로 소비자의 행동원리를 설명하는 이론이다.
② 소비자가 어떤 제품조합을 선택한 것은 현시선호했다는 의미이다.
③ 현시선호의 강공리는 약공리에 포함된다.
④ 현시선호이론에서 수요곡선을 도출할 수 있다.
⑤ 현시선호이론은 한계효용체감의 법칙이 전제되어야 성립한다.

10 완전경쟁시장에 대한 다음 설명 중 옳지 않은 것은?　　　　　　　　　　　　　　　　　　| 한국마사회
★☆☆

① 완전경쟁시장에서 기업은 가격설정자이다.
② 가격과 한계비용이 일치하는 수준에서 이윤극대화 생산량을 결정한다.
③ 개별 경제주체가 시장에 추가적으로 참여해도 시장 전체에 미치는 영향은 미미하다.
④ 단기적으로 초과이윤이 발생할 수 있다.
⑤ 시장수요가 증가할 경우 단기적으로 개별기업의 생산량이 증가한다.

11 Cobb-Douglas 생산함수에 대한 설명으로 옳지 않은 것은?　　　　　　　　　　　　　　| 한국마사회
★★☆

① $Q = AL^aK^b$의 형태를 나타낸다(여기서 Q, L, K는 각각 생산량, 투입노동, 투입자본을 의미한다).
② 모든 점에서 한계기술대체율이 일정하다.
③ 노동의 요소가격인 임금이 상승해도 노동소득분배율이 변하지 않는다.
④ 1차 동차일 때 규모에 대한 수익이 불변이다.
⑤ 등량곡선은 원점에 대해 볼록하다.

12 ★★☆ 어떤 독점기업이 공장 2곳에서 제품을 생산하고 있다. 공장별로 생산비용이 다르며 1공장과 2공장 각각에서의 총비용은 $C_1 = Q_1^2 + 40Q_1$, $C_2 = 4Q_2^2 + 20Q_2$ 이라고 한다. 이 기업의 이윤을 극대화하는 총생산량이 500이라고 할 때 각 공장에서의 생산량(Q_1, Q_2)은 얼마인가? | 무역보험공사

① (102, 398)　　　　　　　　　② (112, 388)

③ (200, 300)　　　　　　　　　④ (250, 350)

⑤ (398, 102)

13 ★★☆ 어느 재화시장은 두 기업만이 생산하는 복점시장이라고 한다. 시장수요함수는 $Q_D = P + 100$으로 주어져 있고 한계비용이 20으로 일정하다고 할 때, 꾸르노 모형(Cournot model)을 가정할 경우 두 기업의 생산량(Q_1, Q_2)은 얼마인가? (단, P와 Q는 각각 가격과 수량을 의미하고 $Q = Q_1 + Q_2$가 성립한다) | 서울시설관리공단

① 15, 45　　　　　　　　　　　② 30, 30

③ 40, 40　　　　　　　　　　　④ 45, 15

⑤ 60, 30

14 ★★☆ 다음 중 과점시장의 베르뜨랑 모형(Bertrand Model)에 대한 설명으로 옳지 않은 것을 모두 고르면? | 예금보험공사

> ㄱ. 꾸르노(Cournot) 모형과 달리 가격경쟁을 고려한 모형이다.
> ㄴ. 각 기업은 상대 기업의 가격에 대한 추종자이다.
> ㄷ. 균형수준에서 가격은 한계비용보다 크다.
> ㄹ. 각 기업이 생산하는 재화는 이질적이다.

① ㄱ, ㄴ　　　　　　　　　　　② ㄱ, ㄷ

③ ㄴ, ㄷ　　　　　　　　　　　④ ㄴ, ㄹ

⑤ ㄷ, ㄹ

15 ★★★ 다음 중 불완전경쟁시장에 대한 설명으로 옳은 것은? | 한전KDN

① 독점시장에서는 장기에 기업의 진입과 퇴출이 발생한다.

② 독점시장에서는 단기에 균형점에서의 가격이 평균비용보다 높다.

③ 독점적 경쟁시장에서는 장기에 균형점에서의 가격이 한계비용보다 크다.

④ 독점적 경쟁시장에서는 장기에 균형점에서의 가격이 평균비용보다 높다.

⑤ 과점시장에서는 경쟁이 발생하지 않는다.

16 ★★☆ 게임상황에 있는 두 기업 A와 B가 선택할 수 있는 전략과 전략선택에 따른 보수(pay-off)가 다음에 제시된 전략형 게임으로 표현된다고 한다. 다음 중 전략조합(D, L)이 유일한 내쉬(Nash)균형이 되도록 하는 a와 b의 범위로 옳은 것은? (단, 보수행렬에서 앞의 숫자는 기업 A의 보수, 뒤의 숫자는 기업 B의 보수를 나타낸다) ┃ 서울시설공단

구 분		기업 B	
		L	R
기업 A	U	(2, 2)	(4, b)
	D	(a, 3)	(a, b)

① $2 < a < 4,\ b < 3$

② $a < 4,\ b < 3$

③ $a > 2,\ b < 3$

④ $a > 2,\ b < 2$

⑤ $2 < b < 4,\ a < 3$

17 ★★☆ 노동공급에 대한 다음 설명 중 옳지 않은 것은? (단, 여가는 정상재이다) ┃ 한국마사회

① 임금이 상승하면 대체효과에 따라 여가가 감소한다.

② 임금이 상승하면 소득효과에 따라 여가가 증가한다.

③ 대체효과와 소득효과를 모두 고려할 때 임금이 상승하면 노동공급량이 증가한다.

④ 경제활동인구의 증가는 노동공급곡선을 오른쪽으로 이동시킨다.

⑤ 임금이 상승하면 여가의 기회비용이 상승한다.

18 ★★☆ 정부가 근로소득세 인하를 발표했다고 할 때, 다음 설명 중 옳은 것은? (단, 여가는 정상재이다) ┃ 인천교통공사

① 근로소득세 인하는 노동공급에 영향을 미치지 않는다.

② 대체효과가 소득효과보다 작으면 노동공급이 증가한다.

③ 대체효과가 소득효과보다 크면 노동공급이 증가한다.

④ 대체효과와 소득효과의 크기와 무관하게 노동공급이 증가한다.

⑤ 대체효과와 소득효과의 크기와 무관하게 노동공급이 감소한다.

19 로렌츠곡선에 대한 설명 중 옳지 않은 것은? | 대구신용보증재단
★☆☆

① 로렌츠곡선은 인구의 누적비율과 소득의 누적비율 사이의 관계를 나타낸 곡선이다.

② 로렌츠곡선은 서수적인 평가기준을 사용하며, 증가함수이다.

③ 로렌츠곡선은 서로 교차하지 않는다.

④ 로렌츠곡선이 원점을 잇는 대각선이면 완전평등한 상태를 나타낸다.

⑤ 로렌츠곡선과 대각선 사이의 면적을 대각선 아래 삼각형의 면적으로 나눈 값을 지니계수라고 한다.

20 A국, B국, C국 세 국가의 지니계수가 각각 0.35, 0.25, 0.4라고 할 때, 다음 설명 중 옳은 것은? | 한전KDN
★★☆

① A국이 B국보다 소득분배가 상대적으로 평등하다.

② C국의 소득분배가 가장 평등하다.

③ A국과 C국의 로렌츠곡선은 교차할 수 없다.

④ 로렌츠곡선을 나타냈을 때 A국이 완전불평등선에 가장 가깝다.

⑤ 로렌츠곡선을 나타냈을 때 B국이 대각선에서 가장 가깝다.

21 파레토효율성에 대한 설명으로 옳지 않은 것은? | 한국원자력환경공단
★★☆

① 파레토효율이란 한 상태에서 다른 상태로 옮겨갈 때 다른 사람이 손해를 입지 않으면 이득을 볼 수 없는 상태를 의미한다.

② 파레토 개선은 파레토 우위에 있는 상태로의 이동을 의미한다.

③ 파레토 개선이 불가능한 상태를 파레토 최적이라고 한다.

④ 파레토효율이 달성되면 사회후생이 극대화된다.

⑤ 파레토 최적이 달성되면 경제는 효용가능경계에 위치한다.

22 시장실패의 발생요인으로 옳지 않은 것은? | 한국마사회
★☆☆

① 불완전경쟁의 존재

② 정부의 시장개입

③ 외부성의 존재

④ 불확실성의 존재

⑤ 비대칭정보의 존재

거시경제학(22문항)

23
★★☆

다음 중 국내총생산(GDP) 대한 설명으로 옳지 않은 것은? ▮예금보험공사

① 국내총생산(GDP)은 일정 기간 동안 한 나라의 영토 내에서 생산된 최종생산물의 시장가치를 의미한다.

② 새로 건설된 주택의 구입은 소비 항목의 GDP에 계산된다.

③ GDP갭은 실제GDP와 잠재GDP의 차이를 의미한다.

④ 이전거래는 GDP 계산에서 제외된다.

⑤ 기준연도의 GDP 디플레이터는 항상 100이다.

24
★★☆

한국의 2018년 명목GDP와 실질GDP가 각각 1,200조, 1,000조이고 2019년 명목GDP와 실질GDP가 각각 1,320조, 1,100조라고 할 때, 2019년 GDP디플레이터는 2018년에 비해 어떻게 변화하였는가? ▮수협중앙회

① 10 감소　　　　　　　　　　　② 10 증가

③ 20 감소　　　　　　　　　　　④ 20 증가

⑤ 불 변

25
★★☆

소비함수가 $C = 800 + 0.9Y$이고 독립적인 투자지출과 정부지출은 각각 600과 300이라고 할 때, 이 경제에서 균형국민소득은 얼마인가? (단, C와 Y는 각각 소비와 국민소득을 의미하고 경제는 폐쇄경제이다) ▮예금보험공사

① 10,000　　　　　　　　　　　② 11,000

③ 12,000　　　　　　　　　　　④ 14,000

⑤ 17,000

26
★★☆

폐쇄경제의 균형국민소득이 5,000이고 소비와 투자가 각각 $C = 100 + 0.8(Y - T)$, $I = 1,000 - 50r$이며 조세와 정부지출이 각각 300이라고 할 때, 균형이자율(%)은 얼마인가? (단, Y, C, T, I, r은 각각 균형국민소득, 소비, 조세, 투자, 이자율을 의미한다) ▮예금보험공사

① 2.0　　　　　　　　　　　　　② 2.5

③ 3.0　　　　　　　　　　　　　④ 3.2

⑤ 4.3

27 ★★☆ 소비이론에 대한 설명으로 옳지 않은 것은?   ▌예금보험공사

① 절대소득가설에 의하면 소득이 증가할수록 평균소비성향이 감소한다.

② 절대소득가설에 의하면 평균소비성향은 한계소비성향보다 크다.

③ 항상소득가설에 의하면 일시적인 감세는 소비를 진작시키는 효과가 있다.

④ 항상소득가설에 의하면 평균소비성향은 고소득층보다 저소득층이 더 높다.

⑤ 항상소득가설에 의하면 소득의 감소가 기대되더라도 소비를 줄이지 않는다.

28 ★★☆ 항상소득가설에 대한 설명으로 옳은 것은?   ▌예금보험공사

① 임시소득이 증가하면 항상소득이 증가한다.

② 임시소득이 증가하면 소비가 증가한다.

③ 임시소득이 감소해도 저축률은 큰 변화가 없다.

④ 직장에서 승진을 하면 소비가 증가한다.

⑤ 복권 당첨으로 인한 소득은 곧바로 소비된다.

29 ★★★ 소비가설에 대한 설명으로 옳은 것은?   ▌한국마사회

① 절대소득가설에 따르면 한계소비성향은 평균소비성향보다 크다.

② 기간 간 소비선택모형(Intertemporal Consumption Choice Model)에 따르면 평생효용을 극대화시키는 최적소비점이 존재하지 않는다.

③ 기간 간 소비선택모형에 따르면 이자율이 상승할 때 저축자의 미래소비는 증가한다.

④ 생애주기가설에 따르면 일시적인 조세인하는 소비를 증가시킨다.

⑤ 항상소득가설에 따르면 장기에 평균소비성향은 한계소비성향보다 작다.

30 ★★☆ 리카도 대등정리(Ricardian Equivalent)에 대한 설명으로 옳지 않은 것은?   ▌한국원자력환경공단

① 일정량의 정부지출 수준을 유지하는 것을 가정한다.

② 경제주체인 소비자들은 미래지향적이고 합리적이다.

③ 정부지출의 재원을 조세로 징수하면 이자율이 상승한다.

④ 재정정책은 실질변수에 아무런 영향을 미치지 못한다.

⑤ 유동성제약이 발생하면 리카도 대등정리가 성립하지 않는다.

31 다음 중 국민소득계정상의 투자에 해당하는 것을 모두 고르면?
★★☆

| 수협중앙회

> ㄱ. 재고품 구입
> ㄴ. 중고장비 매입
> ㄷ. 신규주택 매입
> ㄹ. 공장부지 매입

① ㄱ, ㄴ, ㄷ   ② ㄱ, ㄴ, ㄹ
③ ㄱ, ㄷ, ㄹ   ④ ㄴ, ㄷ, ㄹ
⑤ 모두 옳다.

32 토빈의 q에 대한 설명으로 옳지 않은 것은?
★★★

| 한국마사회

① 토빈은 투자를 주식시장과 연결시켜 주식시장이 투자에 영향을 미친다고 보았다.
② 토빈의 q는 자본의 시장가치를 실물자본의 대체비용으로 나눈 비율로 정의하였다.
③ q값이 1보다 클 때 기업이 보유해야 할 최적자본량이 결정된다.
④ q값이 1과 같으면 신규투자의 유인이 해소된다.
⑤ 하야시(Hayashi)는 토빈의 q를 한계(marginal) 개념으로 보완하였다.

33 고전학파의 화폐수요이론에 대한 설명 중 옳지 않은 것은?
★★☆

| 한국중부발전

① 프리드먼(Friedman)의 신화폐수량설에 따르면 유통속도는 이자율과 예상물가상승률의 영향을 받는다.
② 고전적 화폐수량설에 따르면 화폐수요는 오직 명목소득에 의해서만 결정된다.
③ 현금잔고수량설에서 마샬의 k는 명목소득에서 화폐의 비중을 의미한다.
④ 프리드먼(Friedman)의 신화폐수량설에 따르면 화폐수요가 항상소득에 비례한다고 보았다.
⑤ 프리드먼(Friedman)의 신화폐수량설에 따르면 화폐를 자산으로 인식하고 화폐수요가 대체자산의 기대수익률에 민감하게 반응한다고 보았다.

34 케인즈의 화폐수요이론에 대한 다음 설명 중 옳은 것은?
★★☆

| 한국마사회

① 거래적 동기에 의한 화폐수요는 이자율이 높을수록 증가한다.
② 예비적 동기에 의한 화폐수요는 이자율이 높을수록 증가한다.
③ 투기적 동기에 의한 화폐수요는 소득이 높을수록 감소한다.
④ 이자율의 상승이 예상되면 채권수요가 증가한다.
⑤ 이자율의 상승이 예상되면 화폐수요가 증가한다.

35 다음 중 협의의 통화($M1$)로 옳은 것을 모두 고르면?   ▌캠코

★★☆

> ㄱ. 요구불예금
>
> ㄴ. 6개월 만기 정기예금
>
> ㄷ. 3년 만기 정기적금
>
> ㄹ. 민간부문의 현금
>
> ㅁ. 양도성예금증서(CD)
>
> ㅂ. 수시입출이 가능한 저축예금

① ㄱ, ㄴ, ㄷ   ② ㄱ, ㄹ, ㅂ

③ ㄴ, ㄷ, ㅁ   ④ ㄴ, ㄹ, ㅁ

⑤ ㄷ, ㄹ, ㅂ

36 IS곡선에 대한 다음 설명 중 옳지 않은 것은?   ▌한국환경공단

★★☆

① 생산물시장의 균형조건으로부터 도출된다.

② 투자의 증가는 IS곡선을 우측으로 이동시킨다.

③ 비례세율이 낮을수록 IS곡선의 기울기가 가파르다.

④ 한계수입성향이 클수록 IS곡선의 기울기가 가파르다.

⑤ 투자의 이자율탄력성이 작을수록 IS곡선의 기울기가 가파르다.

37 $IS-LM$ 모형에서 재정정책이 효과가 없는 경우는 다음 중 어느 것인가?   ▌KDB산업은행

★★☆

① 화폐수요의 소득탄력성이 작을 때

② 화폐수요의 이자율탄력성이 클 때

③ 투자의 이자율탄력성이 클 때

④ 투자가 이자율에 비탄력적일 때

⑤ 유동성함정일 때

38 총수요곡선에 대한 다음 설명 중 옳지 않은 것은?   ▌인천교통공사

★★☆

① 생산물시장과 화폐시장으로부터 도출된다.

② 물가수준과 국민소득간의 관계를 나타낸다.

③ IS곡선을 우측으로 이동시키는 요인은 총수요곡선을 우측으로 이동시키도록 작용한다.

④ LM곡선을 이동시키는 요인은 총수요곡선과 관련이 없다.

⑤ 투자의 이자율탄력성이 클수록 총수요곡선이 완만해진다.

39 실업률과 고용률에 대한 다음 설명 중 옳지 <u>않은</u> 것은?　　┃예금보험공사
★★★

① 취업자가 감소하면 실업률이 상승한다.
② 실업자가 증가하면 실업률이 상승한다.
③ 구직단념자가 증가하면 고용률이 하락한다.
④ 구직단념자가 증가하면 실업률이 하락한다.
⑤ 생산가능인구가 감소하면 고용률이 상승한다.

40 다음 중 물가지수에 대한 설명으로 옳은 것은?　　┃한전KDN
★★☆

① GDP 디플레이터는 기준연도 거래량을 가중치로 산출된다.
② 소비자물가지수는 비교연도 거래량을 가중치로 산출된다.
③ GDP 디플레이터는 국내외 모든 물품의 가격을 반영한다.
④ 생산자물가지수는 소비자물가지수의 변화에 선행한다.
⑤ 소비자물가지수와 생산자물가지수는 파셰지수이다.

41 필립스곡선에 대한 설명 중 옳지 <u>않은</u> 것은?　　┃예금보험공사
★★☆

① 필립스곡선은 물가상승률과 실업률 간의 경험적 관계를 보여주는 곡선이다.
② 예상되는 인플레이션율이 높아지면 필립스곡선이 위로 이동한다.
③ 총공급곡선이 오른쪽으로 이동하면 필립스곡선은 왼쪽으로 이동한다.
④ 총수요곡선이 오른쪽으로 이동하면 필립스곡선은 오른쪽으로 이동한다.
⑤ 자연실업률가설에 따르면 장기에 실업과 인플레이션간 상충관계(trade-off)가 나타나지 않는다.

42 실물적 경기변동이론에 대한 설명으로 옳은 것을 모두 고르면?　　┃예금보험공사
★★☆

> ㄱ. 통화량의 변화가 실물에 영향을 미쳐 경기변동의 원인이 된다.
> ㄴ. 시장 전체의 노동공급이 실질임금에 대해 비탄력적임을 강조한다.
> ㄷ. 노동시장의 변화가 결과적으로 실물변수의 변화를 초래한다.
> ㄹ. 신축적인 물가수준의 변화를 반영한다.

① ㄱ, ㄴ　　　　　　　　　② ㄱ, ㄹ
③ ㄴ, ㄷ　　　　　　　　　④ ㄴ, ㄹ
⑤ ㄷ, ㄹ

43 ★★☆ 솔로우(Solow) 성장모형에 대한 설명으로 옳지 않은 것은?　┃한전KDN

① 인구증가는 외생적으로 결정된다.

② 한계생산체감과 규모의 수익불변 총생산함수를 가정한다.

③ 균제상태(Steady State)에서 경제성장률은 0이다.

④ 균제상태에서 인구증가율이 상승하면 1인당 소득이 증가한다.

⑤ 균제상태에서 저축률이 상승하면 1인당 소득이 증가한다.

44 ★★☆ 아래 표는 고전학파와 케인즈학파의 경제관을 비교한 것이다. 빈칸에 들어갈 말로 옳지 않은 것은?　┃예금보험공사

구 분	고전학파	케인즈학파
이자율의 결정	①	화폐시장
국민소득의 결정	총공급	②
물 가	신축적	③
고 용	완전고용상태	실업 존재
화폐의 중립성	④	⑤

① 대부자금시장

② 총수요와 총공급

③ 단기에 신축적

④ 성 립

⑤ 장기에만 성립

국제경제학(10문항)

45 ★★☆ A국과 B국은 자동차와 와인을 생산하고 있다. 각 재화를 1단위 생산하는 데 투입되는 노동량은 아래와 같다고 할 때, 다음 설명 중 옳은 것은?　┃한전KDN

구 분	자동차	와 인
A국	30	90
B국	40	80

① 자동차 생산의 절대우위는 B국에 있다.

② 자동차와 와인 생산의 절대우위는 모두 A국에 있다.

③ B국의 자동차 1단위 생산을 위한 기회비용은 와인 $\frac{1}{3}$ 단위이다.

④ A국은 자동차 생산에 비교우위가 있다.

⑤ 자동차와 와인의 상대가격이 $\frac{3}{7}$ 이면 무역이 발생하지 않는다.

46 A국과 B국은 컴퓨터와 의복을 생산하고 있다. A국은 컴퓨터와 의복 모두 B국보다 저렴하게 생산하고 있고 특히 컴퓨
★☆☆ 터에서 상대적으로 생산성이 더 높다고 할 때, 리카도(Ricardo) 모형에 근거한 설명으로 다음 중 옳은 것은?

▮ 예금보험공사

① A국은 의복에 특화하여 수출한다.
② B국은 컴퓨터와 의복에 모두 비교우위를 갖는다.
③ B국이 컴퓨터와 의복 모두에 의하여 절대우위를 갖는다.
④ A국이 컴퓨터 생산에 특화하여 무역을 하면 양국 모두 이익을 얻을 수 있다.
⑤ 어느 국가도 비교우위를 갖는 재화가 없다.

47 헥셔-올린(Heckscher-Ohlin) 모형에 대한 설명으로 옳지 않은 것은?
★★☆

▮ 한국마사회

① 자유무역을 지지한다.
② 요소부존도가 풍부한 국가는 그 요소를 집약적으로 생산하는 재화의 상대가격이 더 낮다.
③ 요소부존도가 풍부한 국가는 그 요소에 집약적인 재화 생산에 비교우위를 갖는다.
④ 무역이 발생하면 요소의 이동이 발생하게 되면서 요소가격이 동일해진다.
⑤ 무역으로 소득분배의 개선이 가능하다.

48 소국개방경제체제인 어느 국가가 특정 수입품에 대하여 단위당 일정금액의 관세를 부과한다고 할 때, 다음 설명 중
★★☆ 옳지 않은 것은?

▮ 예금보험공사

① 생산자잉여가 증가한다.
② 소비자잉여가 감소한다.
③ 정부의 관세수입은 단위당 세액에 수입량을 곱한 금액이다.
④ 정부의 관세수입이 발생하면서 관세부과에 따른 사회후생은 부과 전과 변함이 없다.
⑤ 교역조건에 변함이 없다.

49 외국물품이 수출국 국내시장의 통상거래가격 이하로 수입되어 자국 산업의 피해가 우려될 때 부과하는 관세를 무엇이
★☆☆ 라고 하는가?

▮ 인천국제공항공사

① 할당관세   ② 반덤핑관세
③ 보복관세   ④ 긴급관세
⑤ 상계관세

50 미국의 경기호황과 한국의 경기침체로 인하여 미국의 인플레이션율이 한국보다 높아졌다고 할 때, 다음 중 명목환율에
★★★　대한 설명으로 옳은 것은? (단, 실질환율을 비롯한 다른 조건은 일정하다)　　　┃KDB산업은행

　① 원/달러 명목환율이 상승한다.
　② 원/달러 명목환율의 변화는 없다.
　③ 원/달러 명목환율이 하락한다.
　④ 원/달러 명목환율이 하락 후 상승한다.
　⑤ 원/달러 명목환율이 상승 후 하락한다.

51 최근 원/달러 환율이 상승하여 수출이 증가하고 수입이 감소했다고 할 때, 다음 설명 중 옳은 것은? ┃한국가스기술공사
★★☆
　① 원화표시 수출품가격이 상승했다.
　② 원화표시 수입품가격이 하락했다.
　③ 달러화표시 수입품가격이 하락했다.
　④ 달러화표시 수입품가격이 상승했다.
　⑤ 달러화표시 수출품가격이 하락했다.

52 원화의 미 달러화 대비 평가절하가 발생하였다. 그 원인으로 다음 중 옳지 않은 것은?　　┃한국마사회
★★★
　① 미국의 기준금리가 한국의 기준금리보다 높아졌다.
　② 미국의 국채이자율이 상승했다.
　③ 미국인의 가처분소득이 감소했다.
　④ 국내물가가 하락했다.
　⑤ 미국 스마트폰에 대한 국내수요가 증가했다.

53 고정환율제도에 대한 설명으로 옳은 것은?　　　┃한국원자력환경공단
★★☆
　① 국제수지의 적자가 발생하면 통화량이 증가한다.
　② 국제수지의 흑자가 발생하면 중앙은행이 외환을 매입해야 한다.
　③ 고정환율제도는 거시경제의 불안정성을 완화하는 역할을 한다.
　④ 통화량은 환율의 영향을 받지 않는다.
　⑤ 우리나라는 고정환율제도를 채택하고 있다.

54 변동환율제도에 대한 설명으로 옳지 않은 것은?
★★☆
┃ 예금보험공사

① 외환시장에서 수요와 공급이 일치하는 수준에서 환율이 자유롭게 결정되는 제도이다.

② 국제수지 적자가 발생하면 중앙은행이 외환시장에 개입한다.

③ 자동안정화장치의 역할을 한다.

④ 무역과 투자에 영향을 미칠 수 있다.

⑤ 브레튼우즈체제 이후 70여 개의 국가들이 채택하고 있다.

재정학(3문항)

55 다음 중 정부지출이 확대되는 요인으로 옳지 않은 것은?
★☆☆
┃ 한국자산관리공사

① 시장실패

② 외부효과

③ 경기호황에 따른 세수 증가

④ 인구 증가

⑤ 사회서비스 수요 증대

56 외부불경제가 존재하는 X재 재화시장의 사적 한계비용이 $50 + Q$이고 시장수요곡선이 $Q = 200 - P$라고 한다. 생
★★★ 산량 한 단위당 40의 사회적 비용이 발생한다고 할 때, 다음 설명 중 옳지 않은 것은?
┃ 인천국제공항공사

① 외부효과에 대한 아무런 규제가 없을 때 균형생산량은 75이다.

② 사회적 최적수준의 생산량은 55이다.

③ 생산량을 균형생산량보다 20만큼 적게 생산하도록 규제하면 사회적 후생을 높일 수 있다.

④ 사회적 최적수준의 생산량을 위해 단위당 40의 보조금을 지급하면 사회적 후생을 높일 수 있다.

⑤ 사회적 최적수준의 생산량을 위한 수량규제와 조세부과의 사회후생 증진효과는 동일하다.

57 어떤 재화를 생산함에 따라 환경오염이 발생한다고 한다. 이 재화의 수요함수는 $P = 100 - Q$이고 사적 한계비용
★★☆ (private marginal cost)함수는 $P = Q + 10$이며, 재화 1단위 생산에 따른 사회적 한계피해액(social marginal
damage)은 $P = 2Q + 10$이라고 할 때, 이 재화의 사회적 최적생산량 수준을 생산하기 위하여 정부가 부과할 종량세
의 크기는 얼마인가?
┃ 한국주택금융공사

① 10 　　　　　　　　　　　　② 30

③ 50 　　　　　　　　　　　　④ 70

⑤ 90

계량경제학(3문항)

58 ★☆☆ 시계열모형에 대한 설명 중 옳지 않은 것은?　　　｜인천국제공항공사

① 추세는 장기에 걸쳐 지속적으로 증가·감소 혹은 일정 상태를 유지하려는 경향을 의미한다.
② 변동의 종류에는 경기변동, 경향변동 등이 있다.
③ 순환변동은 일정한 기간을 단위로 주기가 반복되는 변동을 의미한다.
④ 계절변동은 순환변동에 비해 순환의 주기가 길다.
⑤ 시계열모형의 궁극적인 목적은 과거의 자료를 토대로 미래 상황을 예측하는 것이다.

59 ★★☆ 다음 설명 중 옳은 것을 모두 고르면?　　　｜서울메트로

> ㄱ. 연구자가 검정하고자 하는 가설을 귀무가설이라고 한다.
> ㄴ. 옳은 귀무가설을 기각할 확률을 제1종 오류라고 한다.
> ㄷ. 귀무가설이 기각되는 영역을 기각역이라고 한다.
> ㄹ. 귀무가설의 수용 여부를 결정하는 기준을 신뢰수준이라고 한다.

① ㄱ, ㄴ　　　　　　　② ㄱ, ㄷ
③ ㄱ, ㄹ　　　　　　　④ ㄴ, ㄷ
⑤ ㄷ, ㄹ

60 ★★☆ 다음 설명 중 옳지 않은 것은?　　　｜서울메트로

① 두 변수 간 연관성 여부를 분석하는 것을 상관분석이라고 한다.
② 상관계수는 −1과 1 사이의 값을 갖는다.
③ 변수들 간에 인과관계를 분석하는 것을 회귀분석이라고 한다.
④ 오차제곱합이 최소가 되는 모회귀계수의 추정방법을 최소자승법이라고 한다.
⑤ 잔차(Residual)가 클수록 회귀식의 설명력이 높아진다.

제2회
공기업 전공필기 경제학
실제유형 모의고사

문항 및 시험시간

평가영역	문항 수	시험시간	비 고
공기업 전공필기 경제학	60문항	60분	

※ 문항 수와 시험시간은 기업별로 상이합니다.

※ 이 자료는 저작권법에 의해 보호를 받는 저작물이므로 동영상 제작 및 무단전재와 복제를 금합니다.

제2회 실제유형 모의고사

미시경제학(22문항)

01 다음 중 기회비용에 대한 설명으로 옳지 않은 것은?　┃코스콤

① 기회비용은 선택 가능한 여러 대안 중 하나의 대안을 선택함으로써 포기되는 대안 중 가치(효용)가 가장 큰 대안을 의미한다.

② 기회비용은 명시적 비용과 암묵적 비용을 모두 포함한다.

③ 명시적 비용은 하나의 대안을 선택했을 때 실제 지출한 비용이다.

④ 물품구입에 지불한 대금은 암묵적 비용이라고 할 수 있다.

⑤ 대안을 선택할 때 기회비용은 반드시 고려되어야 한다.

02 도담씨는 미술 관람에 50,000원의 가치를 느낀다. 친구 1명과 미술관에 가기로 약속하고 20,000원짜리 입장권 두 장을 구입했으나 친구가 못 가게 되었다. 친구 몫의 관람권은 환불할 수 없고 다른 곳에 팔 수 없는 상황이다. 도담씨가 미술관에 혼자 가기로 결정했다면 기회비용과 매몰비용은 각각 얼마인가?　┃한국가스공사

	기회비용	매몰비용
①	20,000원	20,000원
②	40,000원	20,000원
③	20,000원	40,000원
④	40,000원	40,000원
⑤	40,000원	50,000원

03 다음 중 생산가능곡선에 대한 설명으로 옳지 않은 것은?　┃한국마사회

① 생산가능곡선은 주어진 생산요소와 생산기술을 사용하여 효율적으로 생산할 수 있는 최대산출물량의 조합을 나타낸다.

② 생산가능곡선의 곡선상의 점에서만 생산이 가능하다.

③ 생산가능곡선 밖의 점은 생산이 불가능하다.

④ 생산가능곡선은 곡선 자체의 이동이 가능하다.

⑤ 생산가능곡선의 기울기를 한계전환율이라고 한다.

04 다음 중 수요와 공급에 대한 설명으로 옳지 않은 것은? | 한국마사회
★★☆

① 공급량은 특정 가격 수준에서 공급자가 일정 기간 동안 판매하고자 하는 상품의 양을 의미한다.

② 소득이 감소하면 수요곡선은 항상 왼쪽으로 이동한다.

③ 생산기술이 발전하면 공급곡선이 오른쪽으로 이동한다.

④ '수요'의 증가와 '수요량'의 증가는 다른 의미이다.

⑤ 소고기 값이 떨어지면 대체재인 돼지고기의 수요는 감소한다.

05 밀의 가격은 변하지 않았으나 시장에서 판매량이 감소하였다. 이 같은 현상이 나타난 원인으로 다음 중 가장 적절한
★★★ 것은? | 신용보증기금

① 밀 수확이 증가하고 대체재인 쌀 수확이 감소하였다.

② 밀 수확이 증가하고 대체재인 쌀 가격이 상승하였다.

③ 밀 수확이 감소하고 대체재인 쌀 수확이 증가하였다.

④ 밀 수확이 감소하고 대체재인 쌀 수입이 감소하였다.

⑤ 밀 수확이 감소하고 밀 수요가 증가하였다.

06 X재와 Y재가 서로 보완재일 때 다음 설명 중 옳지 않은 것은? | 한국보훈복지의료공단
★★☆

① X재의 가격이 상승하면 Y재의 수요가 감소한다.

② X재의 가격이 하락하면 Y재의 수요가 증가한다.

③ X재의 가격이 하락하면 Y재의 가격이 하락한다.

④ X재의 공급이 증가하면 Y재의 가격이 상승한다.

⑤ X재의 수요가 증가하면 Y재의 가격이 상승한다(공급의 변동은 없다고 가정한다).

07 수요곡선상의 한 점이 곡선을 따라 왼쪽으로 이동하였다. 그 원인으로 옳은 것은? | 한국마사회
★☆☆

① 소득의 감소

② 기술진보

③ 가격하락 예상

④ 보완재의 가격 상승

⑤ 가격의 상승

08 ★★☆
수요함수가 $P = 300 - 2Q_D$, 공급함수가 $P = 150 + Q_S$로 주어졌을 때 균형가격(P^*)과 균형수량(Q^*)을 구한 것으로 옳은 것은?

▌한국마사회

① $P^* = 20$, $Q^* = 5$

② $P^* = 50$, $Q^* = 5$

③ $P^* = 200$, $Q^* = 50$

④ $P^* = 300$, $Q^* = 50$

⑤ $P^* = 300$, $Q^* = 100$

09 ★★☆
현재 담배가격은 2,000원이다. 정부가 담배소비량이 30% 감소할 것을 기대하고 가격을 4,000원으로 인상하였다면 담배 수요의 가격탄력성은 얼마인가?

▌신용보증기금

① 0.1   ② 0.3

③ 0.4   ④ 0.5

⑤ 0.6

10 ★★★
수요함수가 $Q_D = 30 - 2P$이고 공급함수가 $Q_S = 3P$라고 한다. 균형가격에서 수요의 점탄력성은 얼마인가?

▌한국자산관리공사

① $\dfrac{1}{2}$ ② $\dfrac{1}{3}$

③ $\dfrac{2}{3}$ ④ $\dfrac{5}{6}$

⑤ $\dfrac{8}{9}$

11 ★★☆
X재 수요의 Y재 가격에 대한 교차탄력성이 0.4일 때, 다음 설명 중 옳은 것은?

▌한국보훈복지의료공단

① X재와 Y재는 대체관계이다.

② X재와 Y재는 보완관계이다.

③ X재와 Y재는 독립재이다.

④ X재는 정상재, Y재는 열등재이다.

⑤ X재, Y재 모두 정상재이다.

12 다음 중 가격상한제를 실시했을 때 나타나는 효과로 옳은 것은?   ┃한전KDN
★☆☆

① 초과공급이 발생한다.
② 소비자잉여가 감소한다.
③ 생산자잉여가 증가한다.
④ 사중손실이 발생한다.
⑤ 사회적 후생이 증가한다.

13 어떤 재화의 공급의 가격탄력성이 수요의 가격탄력성보다 크다고 한다. 이때 물품세를 생산자에게 부과한다면 조세부
★★☆ 담은 어떻게 되는가?   ┃대전시설관리공단

① 생산자가 모두 부담한다.
② 소비자가 모두 부담한다.
③ 생산자부담이 소비자부담보다 크다.
④ 소비자부담이 생산자부담보다 크다.
⑤ 생산자와 소비자가 동일하게 부담한다.

14 한계효용에 대한 설명 중 옳지 않은 것은?   ┃한국수자원공사
★★☆

① 한계효용은 재화 1단위의 소비가 증가할 때 추가적으로 증가하는 총효용을 의미한다.
② 한계효용이 체감한다는 것은 재화의 소비가 증가할 때 총효용이 감소함을 의미한다.
③ 한계효용이 0보다 크면 총효용은 증가한다.
④ 총효용곡선상의 한 점에서의 접선의 기울기가 한계효용이다.
⑤ 총효용이 극대화되는 점에서의 한계효용은 0이다.

15 '가치의 역설'에 대한 설명으로 다음 중 옳지 않은 것은?   ┃예금보험공사
★☆☆

① 물과 다이아몬드의 가치가 생활의 밀접성과 역의 관계에 있음을 설명하는 이론이다.
② 물은 필수재, 다이아몬드는 사치재이다.
③ 물의 공급량이 다이아몬드의 공급량보다 많다.
④ 물의 한계효용과 다이아몬드의 한계효용은 동일하다.
⑤ 가격은 한계효용에 의해 결정된다고 할 수 있다.

16
★★★
X재, Y재에 대한 어느 소비자의 효용함수가 $U = XY$라고 한다. X재, Y재의 가격이 각각 200원, 100원이고 총소득은 12,000원이라고 할 때 효용을 극대화하는 X재와 Y재의 소비량은 얼마인가? ▌경기신용보증재단

① $X = 10$, $Y = 20$

② $X = 20$, $Y = 40$

③ $X = 30$, $Y = 60$

④ $X = 40$, $Y = 80$

⑤ $X = 50$, $Y = 100$

17
★★☆
기대효용이론에 대한 다음 설명 중 옳은 것은? ▌한국가스공사

① 기대효용이론에 따르면 기대소득을 극대화하는 선택을 하는 것이 합리적이다.

② 기대효용이론에서의 효용은 서수적 효용을 의미한다.

③ 위험기피자는 효용의 기대치가 기대치의 효용보다 크다.

④ 위험선호자의 기대효용함수는 아래로 오목하다.

⑤ 기대효용과 동일한 효용수준을 가져다주는 확실한 소득을 확실성등가(certainty equivalent)라고 한다.

18
★★★
다음은 장기와 단기의 비용곡선에 대한 설명이다. 다음 설명 중 옳지 않은 것은? ▌대전시설관리공단

① 장기평균비용곡선은 단기평균비용곡선의 포락선이다.

② 장기한계비용곡선은 단기한계비용곡선의 포락선이다.

③ 단기평균비용이 감소할 때 단기한계비용곡선의 기울기는 양(+)일 수도 있고, 음(−)일 수도 있다.

④ 최적생산규모에서 단기평균비용과 장기평균비용이 일치한다.

⑤ 장기평균비용곡선이 하락할 때 규모의 경제가 나타난다.

19
★★☆
다음 중 독점적 경쟁시장에 대한 설명으로 옳지 않은 것은? ▌HUG주택도시보증공사

① 제품 다양성으로 인하여 소비자의 효용이 증대된다.

② 기업의 이윤극대화 생산량에서 가격이 한계비용보다 낮다.

③ 단기에는 초과이윤을 얻을 수 있으나 장기에는 정상이윤만을 얻게 된다.

④ 장기에는 한계수입과 장기한계비용이 일치하는 점에서 균형산출량이 결정된다.

⑤ 사회적 후생을 극대화하는 생산량보다 적게 생산한다.

20 다음 중 노동공급과 노동수요에 대한 설명으로 옳은 것은?

★★☆

| 한국원자력환경공단

① 여가가 정상재일 때, 임금이 상승하면 노동공급이 반드시 증가한다.
② 여가가 열등재일 때, 임금이 상승하면 노동공급이 반드시 증가한다.
③ 노동의 한계생산이 빠르게 체감할수록 노동수요의 임금탄력성이 커진다.
④ 노동을 대체할 생산요소가 증가하면 노동수요의 임금탄력성이 작아진다.
⑤ 총생산비용에서 임금이 차지하는 비중이 증가하면 노동수요의 임금탄력성이 작아진다.

21 앳킨슨 지수에 대한 다음 설명 중 옳지 않은 것은?

★★☆

| 경기신용보증재단

① 앳킨슨 지수는 지니계수와 더불어 소득불평등 정도를 나타내는 지표이다.
② 앳킨슨 지수가 작아질수록 소득분배가 평등해진다.
③ 앳킨슨 지수는 0과 1 사이의 값을 갖는다.
④ 앳킨슨 지수의 균등분배대등소득은 소득분배가 완전평등에 도달하였을 때 현재와 같은 수준의 사회후생을 얻을 수 있는 소득을 의미한다.
⑤ 앳킨슨 지수의 균등분배대등소득은 객관적으로 측정된다.

22 외부성 또는 외부효과에 대한 설명으로 옳지 않은 것은?

★☆☆

| 한국가스기술공사

① 한 사람의 행동이 제3자에게 의도치 않은 이득이나 손해를 야기하는 것을 의미한다.
② 외부효과로 제3자의 후생이 감소하는 경우 외부불경제라고 한다.
③ 부정적 외부효과가 발생하면 과다생산이 발생한다.
④ 부정적 외부효과가 발생하면 사회적 비용이 사적 비용보다 작다.
⑤ 긍정적 외부효과가 발생하면 과소생산이 발생한다.

거시경제학(22문항)

23 GDP에 대한 설명 중 옳지 않은 것은?
★★☆   ┃수협중앙회

① GDP는 유량(flow) 변수이다.
② GDP 디플레이터는 실질GDP를 명목GDP로 나눈 것이다.
③ 기준연도의 GDP 디플레이터는 100이다.
④ GDP에 국외순수취요소소득을 더한 것이 GNP이다.
⑤ 실질GDI는 실질GDP에서 교역조건 변화에 따른 교역손익을 더한 것이다.

24 정액세만 존재하고 해외부문이 없는 어느 경제에서 한계소비성향이 0.8로 추정되었을 때, 이 경제의 투자승수와 조세
★★☆ 승수는 각각 얼마인가?   ┃신용보증기금

① 투자승수 : 4, 조세승수 : 4
② 투자승수 : 4, 조세승수 : -4
③ 투자승수 : 5, 조세승수 : 4
④ 투자승수 : 5, 조세승수 : -4
⑤ 투자승수 : 5, 조세승수 : -5

25 절대소득가설에서의 소비함수에 대한 설명으로 옳지 않은 것은?
★★☆   ┃예금보험공사

① 평균소비성향(APC)은 소득이 증가할수록 작아진다.
② 평균소비성향(APC)은 한계소비성향(MPC)보다 항상 작다.
③ 소비는 과거소득으로부터 영향을 받지 않는다.
④ 개인의 소비는 다른 사람의 소비와는 무관하다는 소비의 독립성을 전제로 한다.
⑤ 일시적인 재정정책은 매우 효과적이다.

26 통화량이 일정할 때 물가상승률이 5%이고 생산량이 1% 증가하였다면 화폐수량설에 따라 화폐유통속도는 얼마나 변화
★☆☆ 하는가?   ┃한국마사회

① 1%   ② 2%
③ 4%   ④ 5%
⑤ 6%

27 보몰(Baumol)의 재고이론에 대한 설명 중 옳지 않은 것은? ▮인천교통공사
★★☆

① 이자율이 상승하면 화폐수요가 감소한다.

② 소득이 증가하면 화폐수요가 증가한다.

③ 거래비용이 상승하면 화폐수요가 증가한다.

④ 이자율 상승에 따른 대체효과보다 소득효과가 더 커야 이자율이 상승할 때 화폐수요가 증가한다.

⑤ 화폐수요를 3배 늘리기 위해서는 소득을 3배보다 많이 늘려야 한다.

28 다음 중 명목이자율을 하락시킬 수 있는 요인이 아닌 것은? ▮한국마사회
★★☆

① 중앙은행의 국채 매입

② 시간선호의 상승

③ 기대인플레이션율의 하락

④ 기업의 회사채 발행 감소

⑤ 자본의 한계효율 감소

29 대부자금(loanable fund) 공급이 실질이자율의 증가함수이고 대부자금 수요가 실질이자율의 감소함수인 대부자금시
★★★ 장모형에서 재정흑자 확대의 결과로 옳은 것은? ▮한전KDN

① 실질이자율이 상승한다.

② 민간저축이 증가한다.

③ 민간투자가 증가한다.

④ 정부저축이 감소한다.

⑤ 총저축이 감소한다.

30 통화승수(Money Multiplier)에 대한 설명 중 옳지 않은 것은? ▮한국마사회
★★☆

① 중앙은행이 늘려 공급한 본원통화와 은행의 예금창조과정을 거쳐 궁극적으로 증가한 통화량 사이의 비율이다.

② 초과지급준비율이 클수록 통화승수가 커진다.

③ 현금통화비율이 낮을수록 통화승수가 커진다.

④ 현금사용보다 신용카드의 사용이 많아지면 통화승수가 커진다.

⑤ 예금은행과 예금자의 의사결정이 통화량에 영향을 미친다.

31 A국 시중은행의 지급준비율이 0.2이며 본원통화는 100억 달러이다. A국의 통화승수와 통화량은 얼마인가? (단, 현금
★☆☆ 통화비율은 0이다)

┃ 한국마사회

	통화승수	통화량
①	0.2	500억 달러
②	5	500억 달러
③	0.2	100억 달러
④	5	100억 달러

32 은행에 예치된 예금이 10조 원이고, 실제지급준비금과 초과지급준비금이 각각 8조 원과 5조 원이라고 할 때, 법정지급
★★☆ 준비율은 얼마인가?

┃ 한국수력원자력

① 10%   ② 30%

③ 50%   ④ 80%

⑤ 100%

33 채권수익률에 대한 다음 설명 중 옳지 않은 것은?
★★☆

┃ 한전KDN

① 채권공급이 증가하면 대부자금 수요가 증가한다.
② 채권수요가 증가하면 채권수익률이 하락한다.
③ 기업이 사채를 발행하면 채권수익률이 상승한다.
④ 국가신용등급이 상승하면 채권수익률이 상승한다.
⑤ 정부가 국채를 매입하면 채권수익률이 하락한다.

34 LM곡선에 대한 다음 설명 중 옳지 않은 것은?
★★☆

┃ 한국환경공단

① 통화량이 증가하면 LM곡선이 우측으로 이동한다.
② 물가가 상승하면 LM곡선이 우측으로 이동한다.
③ 정부가 국채를 매도하면 LM곡선이 좌측으로 이동한다.
④ 법정지급준비율이 인상되면 LM곡선이 좌측으로 이동한다.
⑤ LM곡선이 좌측으로 이동하면 총수요가 감소한다.

35 ★★★ 투자가 이자율에 반응하는 정도가 더 민감해졌다고 할 때, $IS-LM$모형에서의 변화로 다음 중 옳은 것은?

┃한국마사회

① 재정정책의 효과가 감소하고 금융정책의 효과가 증가한다.
② 재정정책의 효과가 감소하고 금융정책의 효과는 변함이 없다.
③ 재정정책의 효과가 증가하고 금융정책의 효과가 감소한다.
④ 재정정책의 효과는 변함이 없고 금융정책의 효과가 증가한다.
⑤ 재정정책의 효과는 변함이 없고 금융정책의 효과가 감소한다.

36 ★★☆ 총수요곡선이 우하향하는 것에 대한 다음 설명 중 옳지 않은 것은?

┃예금보험공사

① 물가가 상승하면 이자율이 상승하여 투자가 감소한다.
② 물가가 상승하면 소비가 감소한다.
③ 물가가 상승하면 순수출이 감소한다.
④ 물가가 상승하면 실질화폐가치가 하락한다.
⑤ 물가가 상승하면 실질임금이 하락한다.

37 ★★★ 총수요-총공급 모형에서 발생하는 상황에 대한 설명으로 옳지 않은 것은?

┃인천교통공사

① 가계가 미래소득이 증대될 것으로 기대하면 현재 소비가 증가하여 총수요가 증가한다.
② 가계가 미래물가가 상승할 것으로 기대하면 현재 소비가 감소하여 총수요가 감소한다.
③ 가계가 미래조세가 상승할 것으로 기대하면 현재 소비가 감소하여 총수요가 감소한다.
④ 기업이 미래매출이 증대될 것으로 기대하면 현재 투자가 증가하여 총수요가 증가한다.
⑤ 기업이 미래물가가 상승할 것으로 기대하면 현재 노동수요가 감소하여 총공급이 감소한다.

38 ★★★ 합리적 기대이론과 적응적 기대이론에 대한 설명으로 다음 중 옳지 않은 것은?

┃한국원자력환경공단

① 적응적 기대는 체계적 오류를 범하게 되지만 합리적 기대는 체계적 오류를 범하지 않는다.
② 적응적 기대는 과거의 정보를 이용하여 미래를 기대하는 것이고 합리적 기대는 이용가능한 모든 정보를 이용하여 미래를 기대하는 것이다.
③ 적응적 기대에 따르면 장기의 재정정책과 금융정책은 효과를 갖지 못한다.
④ 합리적 기대이론에 따르면 예상된 정부의 정책은 효과를 갖지 못한다.
⑤ 합리적 기대이론에 따르면 시장청산은 신축적으로 이루어지지 못한다.

39 자연실업률가설에 대한 다음 설명 중 옳지 않은 것은? ┃ 한국마사회
★★☆

① 프리드먼(Friedman)과 펠프스(Phelps)가 제시하였다.

② 고전적 필립스곡선에 자연실업률과 적응적 기대인플레이션율을 고려하였다.

③ 장기에는 필립스곡선이 수직으로 도출된다.

④ 필립스곡선이 가파를수록 희생률(Sacrifice Ratio)이 크다.

⑤ 실제 실업률을 자연실업률보다 낮추려는 정책은 장기적으로 인플레이션만 유발하게 된다.

40 어느 나라의 생산가능인구가 4,000만 명이고 경제활동인구가 2,800만 명이며 실업률이 3%라고 할 때 다음 설명 중
★★★ 옳지 않은 것은? ┃ 한국마사회

① 실업자 수는 100만 명보다 많다.

② 취업자 수는 2,000만 명보다 많다.

③ 고용률은 50%보다 높다.

④ 경제활동참가율은 70%이다.

⑤ 달성할 수 있는 최대의 고용률은 70%이다.

41 내생적 성장이론에 대한 다음 설명 중 옳지 않은 것은? ┃ 한국마사회
★★☆

① 일반적으로 자본에 대한 수확체감을 가정한다.

② 연구개발 투자 및 인적자본의 중요성을 강조하는 이론이다.

③ 정부의 개입이 경제성장에 중요한 역할을 한다.

④ 선진국과 개도국 간의 생활수준 격차가 더 벌어질 가능성이 있다는 것을 설명한다.

⑤ 금융시장이 발달하면 저축이 증가하고 투자의 효율성이 개선되어 경제성장이 촉진된다.

42 다음 중 고전학파의 주장으로 옳지 않은 것은? ┃ 예금보험공사
★☆☆

① 공급이 수요를 창출하는 '세이의 법칙(Say's Law)'이 발생한다.

② 화폐의 중립성이 성립하여 통화량의 변화가 실질변수에 아무런 영향을 미치지 못한다.

③ 완전한 구축효과로 인해 총수요곡선이 이동하지 않으므로 재정정책의 효과는 없다.

④ 이자율은 화폐시장에서 결정된다.

⑤ 모든 생산물과 생산요소의 가격은 완전 신축적이다.

43
★★☆
새고전학파와 새케인즈학파의 정책효과에 대한 설명으로 가장 옳은 것은?

┃ 한국무역공사

① 새고전학파에 따르면 예상치 못한 정부지출의 증가는 장기적으로 국민소득을 증가시킨다.
② 새고전학파에 따르면 예상된 통화공급의 증가는 단기적으로만 국민소득을 증가시킨다.
③ 새케인즈학파에 따르면 예상치 못한 통화공급의 증가는 장기적으로 국민소득을 증가시킨다.
④ 새케인즈학파에 따르면 예상된 정부지출의 증가는 단기적으로 국민소득을 증가시킨다.
⑤ 새케인즈학파에 따르면 임금의 신축적 변화로 인해 비자발적 실업이 존재한다.

44
★★☆
다음 중 루카스 비판에 대한 설명으로 가장 거리가 먼 것은?

┃ 한국수자원공사

① 전통적 예측모형을 바탕으로 한 정책은 경제를 더 불안하게 한다는 주장이다.
② 과거 자료로 도출한 계량모형을 가지고 새로운 정책의 효과를 예측하는 케인즈 모형에 대한 비판이다.
③ 경제모형에 경제주체의 기대를 합리적으로 반영해야 한다고 주장한다.
④ 정부의 경제개입을 줄이고 경제를 시장경제에 맡겨야 한다고 시사하였다.
⑤ 투자성향 등 각종 변수들이 일정하다는 가정이 합리적이라고 주장한다.

국제경제학(10문항)

45
★★☆
X국은 밀 1톤을 생산하는 데 노동 30단위가 소요되고 쌀 1톤을 생산하는 데 노동 80단위가 소요된다. 한편 Y국은 밀 1톤을 생산하는 데 노동 60단위가 소요되고 쌀 1톤을 생산하는 데 노동 100단위가 소요된다. 다음 설명 중 옳지 않은 것은?

┃ 소상공인진흥공단

① 쌀 생산의 절대우위는 X국에 있다.

② X국의 밀 1톤 생산을 위한 기회비용은 쌀 $\frac{3}{8}$톤이다.

③ Y국의 쌀 1톤 생산을 위한 기회비용은 밀 $\frac{5}{3}$톤이다.

④ X국은 쌀 생산에 비교우위를 가진다.
⑤ Y국은 쌀 생산에 비교우위를 가진다.

46
★★☆
본국과 외국 2개의 나라가 교역을 한다고 한다. 재화는 트랙터와 밀 두 가지뿐이고 무역이 발생하기 전 트랙터 1대의 가격을 밀 1톤의 가격으로 나눈 비율은 본국과 외국이 각각 5와 8이라고 한다. 무역이 발생하기 위한 교역조건으로 다음 중 옳지 않은 것은?

┃ 기업은행

① 본국의 수입업자가 밀 50톤을 수입하는 조건으로 트랙터 7대를 제공한다.
② 본국의 수입업자가 밀 100톤을 수입하는 조건으로 트랙터 15대를 제공한다.
③ 본국의 수출업자가 트랙터 10대를 수출하는 조건으로 밀 90톤을 받는다.
④ 외국의 수입업자가 트랙터 6대를 수입하는 조건으로 밀 40톤을 제공한다.
⑤ 외국의 수출업자가 밀 20톤을 수출하는 조건으로 트랙터 3대를 받는다.

47 ★★☆ A국과 B국은 각각 노동과 자본이 풍부한 국가라고 한다. 이때 헥셔-올린(Heckscher-Ohlin) 모형을 이용한 다음 설명 중 옳지 않은 것은? (단, 생산요소는 노동과 자본 두 가지뿐이다)   ❙ 인천교통공사

① A국이 노동을 집약적으로 사용하는 재화를 생산하기 시작했다면, 그 재화의 상대가격은 B국보다 낮은 상태이다.

② B국은 자본을 집약적으로 사용하는 재화를 생산하는 것이 유리하다.

③ B국이 자본을 집약적으로 사용하는 재화를 생산하여 A국과 교역하면 자본에 대한 노동의 상대가격이 상승한다.

④ 각국이 풍부한 생산요소를 집약적으로 사용하는 재화를 생산하여 양국 간 교역이 발생하면 재화의 상대가격이 동일해진다.

⑤ 각국이 풍부한 생산요소를 집약적으로 사용하는 재화를 생산하여 양국 간 교역이 발생하면 생산요소 상대가격이 동일해진다.

48 ★★☆ 다음 국제무역이론에 관한 설명 중 옳지 않은 것은?   ❙ 한국마사회

① 헥셔-올린 정리에서 각국은 그 나라에 상대적으로 더 풍부하게 존재하는 생산요소를 집약적으로 사용하는 재화에 대해 비교우위를 가지는 것으로 설명된다.

② 아담 스미스의 국제무역이론은 비교우위의 원인을 설명하려는 이론이고, 헥셔-올린 정리는 국제무역의 원인을 설명하려는 이론이다.

③ 립진스키 정리에 따르면 어떤 생산요소 부존량이 증가하면 그 생산요소를 집약적으로 사용하는 재화생산은 증가하지만 공급이 고정된 생산요소를 집약적으로 사용하는 재화생산은 감소한다.

④ 레온티에프 역설이란 자본이 상대적으로 풍부한 미국이 오히려 자본집약적인 재화를 수입하고 노동집약적인 재화를 수출한다는 실증적 분석 내용을 말한다.

⑤ 스톨퍼-사무엘슨 정리는 한 재화의 상대가격이 상승하면 그 재화에 집약적으로 사용되는 생산요소의 실질소득은 증가하고, 다른 생산요소의 실질소득은 감소한다는 정리이다.

49 ★★★ A국의 철강에 대한 공급함수가 $Q_S = 20 + 3P$, 수요함수가 $Q_D = 180 - 5P$이고, B국에서 철강을 단위당 1,500달러에 수입하고 있다. A국에서 단위당 200달러의 관세를 부과했을 때, 다음 설명 중 옳지 않은 것은? (단, A국은 소국이라고 가정하며, P와 Q는 각각 가격과 수량, 가격의 단위는 100달러이고 수량의 단위는 톤이다)   ❙ 소상공인진흥공단

① 관세부과 전 수입량은 40톤이다.

② 관세부과 전 수요량은 105톤이다.

③ 관세부과 후 1,800달러의 후생손실이 발생한다.

④ 관세부과 후 국내공급량이 증가한다.

⑤ 관세부과 후 수입량은 관세부과 전에 비해 16톤 감소한다.

50 미 달러화 대비 원화가치가 10% 하락할 것으로 예상되는 가운데, 한국과 미국의 인플레이션율은 각각 5%와 4%라고
★★☆ 한다면 실질환율의 변화로 옳은 것은? **한국환경공단**

① 9% 상승
② 9% 하락
③ 10% 상승
④ 10% 하락
⑤ 11% 상승

51 외환시장에서 자국화폐의 가치상승이 예상되는 경우에 대한 다음 설명 중 가장 옳은 것은? **KDB산업은행**
★★☆
① 외환수요곡선이 오른쪽으로 이동하고, 외환공급곡선은 이동하지 않는다.
② 외환수요곡선이 왼쪽으로 이동하고, 외환공급곡선은 오른쪽으로 이동한다.
③ 외환수요곡선과 외환공급곡선이 모두 왼쪽으로 이동한다.
④ 외환수요곡선과 외환공급곡선이 모두 오른쪽으로 이동한다.
⑤ 외환수요곡선과 외환공급곡선 모두 이동하지 않는다.

52 환율결정이론인 구매력평가설에 대한 설명 중 옳지 않은 것은? **한국가스공사**
★★☆
① 국제생산물시장에서 일물일가의 법칙에 이론적 바탕을 두고 있다.
② 어떤 통화 1단위의 실질가치가 모든 나라에서 동일하다.
③ 환율의 장기적인 변동추세를 잘 설명한다.
④ 현실적으로 상당수의 상품이 비교역재이기 때문에 실제환율과 구매력평가에 의한 환율은 차이가 날 수 있다.
⑤ A국이 통화공급을 증가시키면 A국의 물가수준이 상승하고 반면에 A국의 통화는 평가절상된다.

53 먼델-플레밍(Mundell-Fleming)모형에 대한 다음 설명 중 옳지 않은 것은? **한국마사회**
★★☆
① 폐쇄경제 $IS-LM$모형에 국제수지 균형을 반영한 개방거시경제 분석모형이다.
② 국제수지의 균형조건으로부터 BP(Balance of Payment)곡선이 도출된다.
③ 구매력평가설과 이자율평가설이 성립한다.
④ 완전한 자본이동을 가정할 때 BP곡선은 수평이다.
⑤ 개방경제에서는 $IS-LM-BP$곡선이 일치하는 점에서 국민소득이 결정된다.

54 BP곡선에 대한 다음 설명 중 옳지 않은 것은?　　｜캠코
★★★

① 실질환율은 내생변수이고 BP곡선은 실질환율의 증가함수이다.
② 해외이자율은 외생변수이고 국내와 해외이자율의 차이에 대한 증가함수이다.
③ 해외소득은 외생변수이고 해외소득이 증가하면 BP곡선이 상방이동한다.
④ 국내통화의 평가절하가 발생하면 BP곡선이 하방이동한다.
⑤ 국내물가수준이 하락하면 BP곡선이 하방이동한다.

재정학(3문항)

55 다음 비용편익분석법에 대한 설명 중 옳지 않은 것은?　　｜한국가스안전공사
★★☆

① 내부수익률법이란 순편익의 현재가치를 0으로 하는 할인율을 의미한다.
② 내부수익률법에서 구한 수익률이 시장이자율보다 높으면 경제적 타당성이 있다.
③ 복수의 사업안에 대하여 내부수익률이 가장 높은 사업안을 채택하는 것이 타당하다.
④ 복수의 사업안에 대하여 순현재가치가 가장 높은 사업안을 채택하는 것이 타당하다.
⑤ 복수의 사업안에 대하여 내부수익률이 가장 높은 사업안이 순현재가치도 가장 크다.

56 이번 기에 1,000억 원을 투자하여 다음 기에 1,260억 원을 받는 사업안이 있다고 한다. 인플레이션율이 없고 사회적
★★☆ 할인율이 5%라고 할 때, 순현재가치와 내부수익률, 편익-비용비율은 각각 얼마인가?　　｜한국주택금융공사

① 200, 13%, 1.2
② 200, 26%, 1.2
③ 200, 26%, 1.26
④ 260, 13%, 1.26
⑤ 260, 26%, 1.26

57 독점기업의 사적 비용함수가 $C(Q) = 2Q^2$이라고 한다. 독점기업이 재화를 생산함에 따라 공해를 배출시키는 데 재
★★★ 화생산 1단위당 한계피해액은 $2Q$라고 한다. 이 독점기업이 직면하는 시장수요함수는 $Q = 140 - P$이고 정부가 피구
세(Pigouvian Tax)를 부과한다고 할 때 1단위당 부과하는 조세는 얼마인가?　　｜한국자산관리공사

① 20
② 40
③ 60
④ 80
⑤ 100

계량경제학(3문항)

58 선형회귀분석에 대한 다음 설명 중 옳지 않은 것은? ❚ 기술보증기금
★★★

① 산점도는 두 변수 간에 선형회귀분석의 가능성을 나타낸다.

② 오차의 확률분포 평균은 1이다.

③ 회귀분석을 통하여 모회귀계수를 추정한 것이 표본회귀계수이다.

④ 가우스–마코프 정리에 따르면 최소자승추정치는 가장 좋은 불편추정치이다.

⑤ 결정계수가 0.6이라는 것은 독립변수에 의한 종속변수의 설명력이 60%라는 것을 의미한다.

59 다중회귀분석에 대한 다음 설명 중 옳지 않은 것은? ❚ 기술보증기금
★★★

① 독립변수가 2개 이상일 때의 회귀분석을 의미한다.

② 수정결정계수(adjust R^2)는 결정계수에 자유도를 반영하여 조정한 것이다.

③ 독립변수들 간에 강한 상관관계가 있을 때 다중공선성(Multicollinearity)이 존재한다.

④ 다중공선성을 확인할 때에는 회귀계수 추정치의 표준오차를 분석한다.

⑤ 회귀식 전체의 유의성은 F 검정을 통하여 확인할 수 있다.

60 다음 설명 중 옳은 것을 모두 고르면? ❚ 서울메트로
★★☆

> ㄱ. 모집단에서 n개의 표본을 복원추출할 때, 모분산이 σ이면 표준오차는 $\dfrac{\sigma}{\sqrt{n}}$ 이다.
>
> ㄴ. 모집단이 정규분포를 따르면, 표본평균의 분포는 정규분포를 따르지 않을 수 있다.
>
> ㄷ. 모집단이 정규분포를 따르지 않을 때, 모집단에서 추출한 표본의 크기가 충분히 크다면 표본평균의 분포는 근사적으로 정규분포를 따른다.

① ㄱ ② ㄴ

③ ㄷ ④ ㄱ, ㄷ

⑤ ㄴ, ㄷ

제3회
공기업 전공필기 경제학
실제유형 모의고사

문항 및 시험시간

평가영역	문항 수	시험시간	비 고
공기업 전공필기 경제학	60문항	60분	

※ 문항 수와 시험시간은 기업별로 상이합니다.

※ 이 자료는 저작권법에 의해 보호를 받는 저작물이므로 동영상 제작 및 무단전재와 복제를 금합니다.

제3회 실제유형 모의고사

문 항 수 : 60문항
응시시간 : 60분

미시경제학(22문항)

01
★★☆

규범경제학에 대한 설명으로 거리가 먼 것은?
| 한국가스공사

① 과일 값이 하락하면 과일의 수요를 증대시킨다.
② 사회적 후생손실의 감소를 막기 위해 기업의 독점화를 막아야 한다.
③ 정부는 정보통신산업의 발전을 위해 정보통신 관련 인적자본을 구축해야 한다.
④ 정부는 고용증대를 위해 총수요확대정책을 실시해야 한다.
⑤ 아파트 가격폭등을 막기 위해서는 콜금리를 인상해야 한다.

02
★★☆

다음은 경제학에서 범하기 쉬운 오류의 예이다. ⓐ와 ⓑ는 각각 어떠한 오류인가?
| 한국가스공사

> ⓐ 소득이 높은 사람들은 외제차를 많이 구입하므로 외제차를 구입하는 사람은 소득이 높을 것이다.
> ⓑ 저축은 미래를 위해 현재의 소비를 줄이는 행위이기에 모든 사람이 저축하는 것은 경제에 매우 이로운 영향을 준다.

① ⓐ 인과의 오류   ⓑ 구성의 오류
② ⓐ 인과의 오류   ⓑ 강조의 오류
③ ⓐ 구성의 오류   ⓑ 인과의 오류
④ ⓐ 구성의 오류   ⓑ 강조의 오류
⑤ ⓐ 강조의 오류   ⓑ 구성의 오류

03
★★☆

다음 중 유량변수에 해당하는 것은?
| 신용보증기금

① 실업률   ② 외환보유액
③ 국제수지   ④ 물 가
⑤ 환 율

04 다음 중 수요와 공급에 대한 설명으로 옳지 않은 것은?　　　▌한국마사회
★★☆
① 열등재와 대체관계에 있는 재화의 가격이 하락하면 열등재의 수요곡선은 왼쪽으로 이동한다.
② 초과수요는 가격을 상승시킨다.
③ 상품가격의 하락 또는 시장에서의 구매자수 증가는 수요곡선을 오른쪽으로 이동시킨다.
④ 생산요소가격의 하락은 열등재의 공급곡선을 오른쪽으로 이동시킨다.
⑤ 가격이 상승할 것으로 예상되면 공급곡선이 왼쪽으로 이동한다.

05 다음 중 기펜재에 대한 설명으로 옳지 않은 것을 모두 고르면?　　　▌대구신용보증재단
★★☆

> ㄱ. 가격이 하락하면 수요가 감소한다.
> ㄴ. 소득이 감소하면 수요가 감소한다.
> ㄷ. 수요곡선이 우상향한다.
> ㄹ. 열등재이다.

① ㄱ　　　　　　　　　　　　　② ㄴ
③ ㄱ, ㄴ　　　　　　　　　　　④ ㄱ, ㄷ
⑤ ㄴ, ㄹ

06 정부가 상가 임차인을 보호하기 위하여 상가 임대료의 상한선을 두는 방안을 결정하였을 때 나타나는 효과로 옳은
★★☆ 것은?　　　▌예금보험공사
① 제도 실시로 상가의 공급이 즉각적인 영향을 받는다.
② 단기적으로 상가의 초과수요가 발생한다.
③ 장기적으로 상가의 공급이 증가한다.
④ 장기적으로 시장에는 영향을 미치지 않는다.
⑤ 상가수요를 유인하기 위한 공급자의 인센티브가 제시된다.

07 어떤 재화의 수요곡선이 $P = 100 - Q_D$, 공급곡선이 $P = -20 + Q_S$일 때, 공급자에게 재화 한 단위당 10의 보조
★★★ 금을 지급한다면 후생손실의 크기는 얼마인가?　　　▌한국철도시설공단
① 5　　　　　　　　　　　　　② 7.5
③ 12.5　　　　　　　　　　　④ 25
⑤ 50

08 완전경쟁시장에서 A재의 시장공급은 $Q_S = 100 + 2P$이고 시장수요는 $Q_D = 400 - P$이다. 이 시장의 소비자에게 한 단위당 30의 종량세를 부과할 경우 새로운 균형에서 공급자가 받는 가격과 소비자가 지불하는 가격은? (단, Q_s, Q_D, P는 각각 A재의 공급량, 수요량, 가격이다) **┃무역보험공사**

	공급자가 받는 가격	소비자가 지불하는 가격
①	80	110
②	90	120
③	100	130
④	110	140
⑤	120	150

09 X재와 Y재를 소비하는 소비자의 소비량과 한계효용의 관계가 아래 표와 같으며, 표의 수량은 모두 소득 내에서 소비가 가능한 수량이다. X재의 가격이 1이고 Y재의 가격이 3이라면 효용이 극대화되는 소비조합(X, Y)는 무엇인가? (단, 소비자는 주어진 소득을 전부 두 재화의 소비에 사용한다) **┃한국가스기술공사**

소비량	1	2	3	4	5
X재의 한계효용	8	7	6	4	2
Y재의 한계효용	20	18	15	10	10

① (1, 2) ② (2, 1)
③ (3, 2) ④ (3, 5)
⑤ (4, 2)

10 무차별곡선에 대한 설명 중 옳지 않은 것은? **┃수협중앙회**
① 무차별곡선이 원점에서 멀수록 효용이 높아지는 것은 강단조성(Strong Monotonicity) 가정으로 인한 것이다.
② 한계대체율은 무차별곡선상 한 점에서의 접선의 기울기를 의미한다.
③ 한계대체율은 언제나 체감한다.
④ 하나의 비재화가 존재하는 경우 무차별곡선은 우상향하는 형태로 나타난다.
⑤ 포화점이 있는 경우 무차별곡선은 원형으로 나타난다.

11 어떤 투자자의 효용함수가 $U = 1,000 + 10W$라고 한다. 이 투자자는 1,000만 원을 투자하여 0.7의 확률로 1,000만 원의 이익을 얻거나 0.3의 확률로 500만 원의 손실을 볼 수 있는 투자안에 투자하려고 한다. 이에 따른 기대효용을 구하면? (단, W는 화폐수익을 의미한다) **┃한국마사회**

① 1,550 ② 2,550
③ 5,500 ④ 6,500
⑤ 7,900

12
★★★
100만 원의 상금이 걸린 복권이 있다고 한다. 복권에 당첨될 확률은 0.5이고 이 복권을 구입하려는 한 소비자의 효용함수가 $U = 10\sqrt{M}$ 이라고 할 때, 이 소비자의 위험프리미엄과 확실성등가(Certainty Equivalence)는 얼마인가? (단, M은 상금의 화폐규모를 의미한다)

❙기업은행

① 75만 원, 25만 원

② 25만 원, 25만 원

③ 25만 원, 75만 원

④ 10만 원, 25만 원

⑤ 10만 원, 75만 원

13
★★☆
생산함수에 대한 설명 중 옳지 않은 것은?

❙인천교통공사

① 생산함수에서 생산량은 유량(flow)을 의미한다.

② 생산기술의 변화는 생산량에 영향을 미친다.

③ 생산은 시간의 흐름에 따라 단기(short-run)와 장기(long-run)로 구분한다.

④ 한계생산이란 투입하는 생산요소 1단위 증가에 따른 생산량의 증가분을 의미한다.

⑤ 한계생산은 음(-)이 될 수도 있다.

14
★★☆
비용이론에 대한 설명 중 옳지 않은 것은? (단, 교정비용이 존재한다)

❙국민연금공단

① 한계비용이 증가할 때 평균비용은 감소한다.

② 평균고정비용은 생산량 증가에 따라 감소한다.

③ 평균비용이 증가할 때 평균가변비용은 증가한다.

④ 한계비용이 감소하더라도 총비용은 증가할 수 있다.

⑤ 평균비용과 한계비용이 같아지는 점에서 평균비용이 가장 작다.

15
★★☆
어떤 기업이 신제품의 가격을 제품당 9,000원으로 책정하였다. 이 제품 생산을 위해 고정비용은 600만 원이 소요되었고 가변비용은 제품 1단위당 3,000원이 소요되었다. 이 제품의 손익분기점 생산량은 얼마인가?

❙한국가스기술공사

① 500

② 1,000

③ 1,500

④ 2,000

⑤ 2,500

실제유형 모의고사

16 완전경쟁시장에 대한 다음 설명 중 옳지 않은 것은?
★★☆
┃한국전력공사

① 단기에 손실이 발생할 수 있다.

② 단기와 장기 모두 가격이 평균가변비용보다 낮으면 생산하지 않는다.

③ 평균비용이 지속적으로 감소한다.

④ 개별기업의 한계비용곡선이 공급곡선이 된다.

⑤ 효율적인 자원배분이 이루어지므로 사회적 후생이 가장 큰 이상적인 시장이다.

17 한 독점기업은 시장을 두 개로 구분하여 이윤을 극대화하고 있다고 한다. 생산에 따른 한계비용은 생산량과 무관하게
★★☆ 100으로 일정하고 두 시장의 수요의 가격탄력성이 각각 1.5와 2라고 한다면 두 시장에서 설정하는 가격은 각각 얼마
인가?
┃인천교통공사

① 100, 100

② 300, 100

③ 300, 200

④ 500, 200

⑤ 500, 300

18 두 기업이 존재하는 복점시장에서 시장수요가 $Q_D = 120 - P$로 주어져 있다고 한다. 한계비용이 30으로 동일하다고
★★☆ 할 때, 베르뜨랑 균형에서 가격과 수량은 각각 얼마인가?
┃예금보험공사

① 10, 110

② 20, 100

③ 30, 90

④ 40, 80

⑤ 50, 70

19 다음 중 불완전경쟁시장에 대한 설명으로 옳은 것은?
★★★
┃한전KDN

① 독점시장에서는 장기에 기업의 진입과 퇴출이 발생한다.

② 독점시장에서는 단기 균형점에서의 가격이 평균비용보다 높다.

③ 독점적 경쟁시장에서는 장기 균형점에서의 가격이 한계비용보다 크다.

④ 독점적 경쟁시장에서는 장기 균형점에서의 가격이 평균비용보다 높다.

⑤ 과점시장에서는 경쟁이 발생하지 않는다.

20
★★☆
완전경쟁시장에서 한 기업의 단기 생산함수가 $Q_s = 200L - L^2$이라고 한다. 현재 이윤극대화하는 생산수준에서 고용량이 50이고 노동 1단위당 임금이 500이라고 하면 생산물가격은 얼마인가? (단, 단기에는 노동만을 생산요소로 고용하며 노동시장은 완전경쟁적이다)　┃한국환경공단

① 1
② 2
③ 5
④ 10
⑤ 20

21
★★☆
인구수가 5,000만 명인 어느 국가의 계층별 월 평균소득이 다음 표와 같다고 한다. 이 국가의 십분위분배율은 얼마인가?　┃예금보험공사

1분위	2분위	3분위	4분위	5분위
100만 원	150만 원	200만 원	300만 원	500만 원

① 0.25
② 0.5
③ 0.75
④ 1
⑤ 1.25

22
★★☆
공공재에 대한 설명으로 옳지 않은 것은?　┃한국원자력환경공단
① 비경합성과 비배재성의 특성을 갖는다.
② 국방, 치안 등이 공공재에 포함된다.
③ 오직 정부에 의해서만 공급된다.
④ 추가적인 소비의 한계비용이 0이다.
⑤ 무임승차자 문제가 발생한다.

실제유형 모의고사

거시경제학(22문항)

23 우리나라의 2021년 GDP로 측정될 수 있는 경제행위가 아닌 것은?
★★☆   ▮예금보험공사

① 우리나라 국민인 A는 우리나라에서 2021년도에 생산된 승용차를 구입하였다.
② 우리나라 국민인 B는 2005년에 지어진 아파트를 2021년에 구입하는 데 부동산 중개료로 200만 원을 지출하였다.
③ 외국 국적을 가진 C는 2021년 한국에서 영어강사로 일하고 급여로 3,000만 원을 벌었다.
④ 우리나라 정부는 2021년 실업급여로 1,000억 원을 지출하였다.
⑤ 우리나라 자동차 제조기업에서 2021년 자동차 재고가 증가하였을 경우 이는 GDP 계산에 포함된다.

24 다음 표는 X재와 Y재만을 생산하는 경제의 2018년과 2020년의 가격과 생산량이다. 2018년을 기준연도로 할 때
★★★ 2020년의 GDP디플레이터는 얼마인가?
▮예금보험공사

연 도	X재		Y재	
	가격(원)	생산량(개)	가격(원)	생산량(개)
2018	60	120	100	60
2020	70	140	110	80

① 86   ② 106
③ 113   ④ 120
⑤ 131

25 다음 경제모형에서 정부지출이 300만큼 증가할 때 국민소득의 증가분은 얼마인가? (단, Y는 국민소득, C는 소비,
★★★ I는 투자, NX는 순수출, T는 조세, M은 수입이고 수출과 투자는 외생적으로 결정된다)
▮신용보증기금

- $Y = C + I + G + NX$
- $C = 0.5(Y - T) + 100$
- $T = 0.3Y + 5$
- $M = 0.1Y + 50$

① 100   ② 200
③ 300   ④ 400
⑤ 500

26 소비이론에 대한 다음 설명 중 옳은 것을 모두 고르면?   ▎대구신용보증재단
★★☆

> ㄱ. 쿠즈네츠는 장기적으로는 절대소득가설이 성립하지 않음을 밝혔다.
> ㄴ. 항상소득가설에 따르면 임시소득이 일시적으로 항상소득보다 많아지더라도 평균소비성향에는 영향을 미치지 않는다.
> ㄷ. 상대소득가설은 심리를 기초로 소비행동을 설명한다.
> ㄹ. 생애주기가설과 항상소득가설은 소비평활화(Consumption Smoothing)를 전제한다.

① ㄱ
② ㄷ
③ ㄱ, ㄴ
④ ㄴ, ㄷ, ㄹ
⑤ ㄱ, ㄷ, ㄹ

27 어떤 기업이 이번 기의 투자를 통하여 다음 기에 1,100만 원, 그 다음 기에 1,210만 원의 수익을 기대하고 있다. 할인율
★★☆ 이 10%로 주어진다면 이 투자안의 현재가치는 얼마인가?   ▎한국마사회

① 1,000만 원
② 2,000만 원
③ 3,000만 원
④ 4,000만 원
⑤ 5,000만 원

28 신화폐수량설에 대한 설명 중 옳지 않은 것은?   ▎신용보증기금
★★☆

① 프리드먼(Friedman)이 고전적 화폐수량설을 발전시킨 이론이다.
② 화폐수요는 각 개인이 보유한 자산의 제약을 받는다.
③ 화폐수요는 인적자산에 비례한다.
④ 화폐에 대한 수요이론보다 공급이론적인 측면을 중시한다.
⑤ 화폐수요는 항상소득에 의해 결정된다.

29 유동성함정은 금융정책, 특히 금리 인하정책이 경기부양에 효과가 없을 때 사용되는 개념이다. 다음 중 유동성함정과
★★☆ 관계가 가장 먼 것은?   ▎한국환경공단

① 투자심리의 위축
② 디플레이션 예상
③ 고조된 현금 기피 현상
④ 어두운 경제 전망
⑤ 제로 수준에 가까운 저금리

30
★★☆

본원통화에 대한 설명 중 옳지 않은 것은?

한국장학재단

① 본원통화는 화폐발행액과 예금은행의 중앙은행에 대한 지급준비예치금의 합으로 나타낼 수 있다.

② 국제수지가 적자이면 본원통화가 감소한다.

③ 중앙은행이 공개시장에서 국공채를 매각하면 본원통화는 감소한다.

④ 중앙은행이 예금은행에 대한 대출을 늘리면 본원통화가 증가한다.

⑤ 중앙은행이 환율하락을 방지하기 위해 외환시장에 개입하면 본원통화는 감소한다.

31
★★☆

중앙은행의 대규모 국채매각이 미치는 파급효과에 대한 설명으로 옳은 것은?

예금보험공사

① 본원통화가 증가한다.

② 통화량은 변함이 없다.

③ 국채의 시장이자율이 상승한다.

④ 국채가격이 상승한다.

⑤ 국채수요가 증가한다.

32
★★☆

다음 중 통화량이 감소하는 경우가 아닌 것은?

한국마사회

① 명절연휴를 앞두고 개인들이 현금보유량을 늘린다.

② 예금은행이 국제결제은행(BIS) 기준의 자기자본비율을 높였다.

③ 법정지급준비율이 높아졌다.

④ 현금결제보다 카드결제의 비중이 높아졌다.

⑤ 예금주들의 은행에 대한 불신이 높아지면서 현금인출을 늘렸다.

33
★★☆

LM곡선에 대한 설명 중 옳지 않은 것은?

한국환경공단

① 중앙은행이 달러를 매각하면 LM곡선이 좌측으로 이동한다.

② 물가가 상승하면 LM곡선이 우측으로 이동한다.

③ 정부가 국채를 매도하면 LM곡선이 좌측으로 이동한다.

④ 법정지급준비율이 인상되면 LM곡선이 좌측으로 이동한다.

⑤ 통화량이 감소하면 LM곡선이 좌측으로 이동한다.

34 ★★☆ 정부지출이 증가하고 동시에 통화량이 감소하는 경우 $IS-LM$ 모형에서 나타나는 변화로 가장 옳은 것은?

▌인천교통공사

① 이자율 상승
② 이자율 하락
③ 국민소득 증가
④ 국민소득 감소
⑤ 이자율과 국민소득 모두 변화를 알 수 없다

35 ★★☆ 폐쇄경제 하에서 총수요(AD)를 진작시키기 위한 정책을 모두 고른 것은?

▌한국산업단지공단

> ㄱ. 지불준비율 인하
> ㄴ. 공개시장조작을 통한 채권 매각
> ㄷ. 정부지출 증대
> ㄹ. 재할인율 인상

① ㄱ, ㄷ   ② ㄱ, ㄹ
③ ㄴ, ㄷ   ④ ㄴ, ㄹ
⑤ ㄷ, ㄹ

36 ★☆☆ 자동안정화장치에 해당하지 않는 것은?

▌한국마사회

① 누진소득세제   ② 양도소득세제
③ 법인세제   ④ 실업급여제
⑤ 기초생활보장제

37 ★★☆ 전체 인구가 1억 2천만 명, 생산가능인구가 1억 명, 경제활동인구가 8천만 명, 취업자가 7천 2백만 명인 A국 경제의 고용률과 실업률은?

▌새마을금고중앙회

	고용률(%)	실업률(%)
①	50	8
②	60	8
③	72	10
④	80	8
⑤	90	10

38 ★★☆ 인플레이션 비용에 대한 설명으로 옳지 않은 것은? ▮한국마사회

① 인플레이션이 발생하면 자본이득이 과대평가되어 부당하게 과중한 세금이 부과된다.

② 인플레이션이 발생하면 사람들은 현금보유를 줄이기 위해 시간을 투자하고 불편을 감수해야 한다.

③ 인플레이션이 발생하면 기업들은 가격을 자주 조정하는 메뉴비용이 발생할 수 있다.

④ 예상치 못한 인플레이션은 미리 약속된 임금을 지급하는 기업에게 이익이 된다.

⑤ 화폐의 중립성이 성립한다면 인플레이션은 화폐의 실질구매력을 감소시켜 사람들의 생활수준을 낮춘다.

39 ★★★ 필립스곡선에 대한 설명 중 옳은 것을 모두 고른 것은? ▮한국마사회

> ㄱ. 부(−)의 공급충격 발생은 단기필립스곡선을 우측으로 이동시킨다.
> ㄴ. 기대인플레이션율의 상승은 단기필립스곡선을 좌측으로 이동시킨다.
> ㄷ. 적응적 기대에 따르면 확장적 거시경제정책은 인플레이션율과 실업률의 조합을 단기필립스곡선상의 점의 이동으로 나타나게 된다.
> ㄹ. 합리적 기대에 따르면 예상된 확장적 거시경제정책은 인플레이션에 영향을 미치지 못하고 실업률만 높이게 된다.

① ㄱ, ㄴ   ② ㄱ, ㄷ

③ ㄴ, ㄷ   ④ ㄴ, ㄹ

⑤ ㄷ, ㄹ

40 ★★★ 어느 국가의 필립스곡선이 $\pi = 0.02 - 0.5(u - 0.03)$이라고 할 때, 다음 설명 중 옳지 않은 것은? (단, π는 인플레이션율, u는 실업률을 의미한다) ▮IBK기업은행

① 완전고용상태에서의 실업률은 3%이다.

② 장기의 인플레이션율은 2%이다.

③ 인플레이션율을 2%p 낮추기 위해서는 실업률이 1%p 상승해야 한다.

④ 단기의 총공급곡선은 우상향한다.

⑤ 완전고용보다 낮은 수준의 고용에서는 인플레이션율이 2%보다 낮다.

41 ★★★ 케인즈학파와 통화주의학파에 관한 설명 중 옳지 않은 것은? | 한국가스공사

① 케인즈학파와 통화주의학파 모두 단기 필립스곡선은 우하향하고 장기 필립스곡선은 자연실업률 수준에서 수직선이라고 본다.

② 케인즈학파와 통화주의학파 모두 단기 총공급곡선은 우상향하고 장기 총공급곡선은 수직선이라고 본다.

③ 케인즈학파는 구축효과가 크지 않으므로 재정정책이 효과적이라고 보는 반면 통화주의학파는 구축효과가 매우 크기 때문에 재정정책의 효과가 별로 없다고 본다.

④ 케인즈학파는 적응적 기대를 수용하고 통화주의학파는 합리적 기대를 수용한다.

⑤ 통화주의학파는 케인즈학파에 비해 투자의 이자율 탄력성이 크다고 본다.

42 ★★☆ 효율성임금가설(Efficiency Wage Hypothesis)에 대한 설명으로 옳은 것은? | 캠코

① 기업의 노동수요는 노동의 한계생산성과 명목임금이 같아지는 수준에서 결정된다.

② 효율성임금가설에 따르면 노동자의 근로의욕은 명목임금의 크기에 의해 결정된다.

③ 효율성임금가설에 따르면 노동자의 생산성은 명목임금에 의해 좌우된다.

④ 효율성임금을 지급하면 역선택, 도덕적 해이 등의 문제가 발생한다.

⑤ 효율성임금가설은 비자발적 실업을 설명하고자 한다.

43 ★★☆ 한국의 경기선행지표를 나타내는 경제 지표로 옳지 않은 것은? | 한전KDN

① 생산자제품재고지수

② 코스피지수

③ 기계류 내수출하지수

④ 구인구직비율

⑤ 수출입물가비율

44 ★★☆ 해로드-도마(Harrod-Domar) 성장모형에 대한 설명 중 옳지 않은 것은? | 예금보험공사

① 케인즈의 총수요이론을 동태화시킨 이론이다.

② 자본과 노동의 대체관계가 불가능하다.

③ 완전고용하에서 균형성장을 위해서는 경제성장률이 인구증가율과 같아야 한다.

④ 내생변수들의 상호관계를 통하여 성장조건이 도출된다.

⑤ 저축률이 높을수록 높은 경제성장을 달성한다.

국제경제학(10문항)

45 A국은 노동이 상대적으로 풍부한 국가이고, B국은 자본이 상대적으로 풍부한 국가이다. 이 두 국가가 서로 무역을
★★★ 할 때, 핵셔-올린 정리에 따른 무역 이전과 비교한 B국가의 임금과 이자율의 변화에 대한 설명으로 옳은 것은?
┃한국전력공사

① 무역 이전과 비교하여 임금과 이자율이 모두 상승한다.
② 무역 이전과 비교하여 임금은 상승하고 이자율은 하락한다.
③ 무역 이전과 비교하여 임금은 하락하고 이자율은 상승한다.
④ 무역 이전과 비교하여 임금과 이자율이 모두 하락한다.
⑤ 무역 이전과 비교하여 임금과 이자율 모두 변화가 없다.

46 레온티에프 역설(Leontief Paradox)에 대한 설명으로 옳지 않은 것은? ┃한국거래소
★★☆
① 제품의 성숙단계, 인적자본, 천연자원 등을 고려하면 역설을 설명할 수 있다.
② 2차 세계대전 직후 미국의 노동자 일인당 자본장비율은 다른 어느 국가보다 낮았다.
③ 미국에서 수출재의 자본집약도는 수입재의 자본집약도보다 낮은 것으로 나타났다.
④ 레온티에프는 역설적인 결과가 발생한 이유를 생산요소의 이질성 때문이라고 보았다.
⑤ 헥셔올린 정리에 따르면 미국은 상대적으로 자본집약적 재화를 수출할 것으로 예측되었다.

47 산업 간 무역과 산업 내 무역에 대한 다음 설명 중 옳은 것은? ┃주택도시보증공사
★★☆
① 동일한 재화를 생산하는 산업 간에 발생하는 무역이 산업 간 무역이다.
② 산업 간 무역은 규모의 경제에 의하여 발생한다.
③ 산업 간 무역은 무역의 이익을 발생시키지 않는다.
④ 산업 내 무역은 무역의 이익을 발생시키지 않는다.
⑤ 비교우위만 존재하는 경우 산업 내 무역이 발생하지 않는다.

48
★★☆

폐쇄경제인 어떤 국가가 시장개방으로 무역을 개시하였다. 다음 설명 중 옳지 않은 것은? (단, 국내시장가격은 국제균형가격보다 낮다)

▎새마을금고중앙회

① 수출국의 생산자잉여가 증가한다.
② 수출국의 소비자잉여가 증가한다.
③ 상대국에서 수입관세를 부과하면 수출국의 생산자의 이익이 감소한다.
④ 상대국에서 수입관세를 부과하면 수출국의 소비자의 이익이 증가한다.
⑤ 상대국에서 수입물량을 제한하면 수출국의 소비자의 이익이 증가한다.

49
★★☆

어떤 국가의 X재 수요함수가 $P = 6,000 - 3Q_D$이고 공급함수가 $P = 800 + 2Q_S$라고 한다. 단위당 국제가격이 700이고 단위당 200의 관세를 부과하였을 때 이 국가의 관세수입은 얼마인가? (단, 소국개방경제를 가정하며, Q_D는 국내 수요량, Q_S는 국내 공급량, P는 가격을 의미한다)

▎예금보험공사

① 310,000
② 330,000
③ 350,000
④ 370,000
⑤ 390,000

50
★★☆

가맹국 간 재화의 이동에 대한 규제와 요소이동의 제한까지도 철폐하는 경제통합 형태를 무엇이라고 하는가?

▎인천국제공항공사

① 관세동맹
② 자유무역지대
③ 공동시장
④ 경제동맹
⑤ 지역경제통합

51
★★☆

한국과 미국의 내년도 인플레이션율이 각각 5%, 3%로 예상된다고 한다. 현재 원/달러 환율이 1,100원/달러일 때, 구매력평가설에 따라 예측되는 내년도 환율로 옳은 것은?

▎신용보증기금

① 1,078원
② 1,089원
③ 1,111원
④ 1,122원
⑤ 1,155원

52 고정환율제도를 채택하고 있는 어느 국가에서 대규모의 자본유출이 발생하였다. 중앙은행이 외환시장에 개입하고 공
★★☆ 개시장조작을 통하여 통화량을 조절하고자 할 때 실시할 정책조합으로 다음 중 옳은 것은?   ┃한국원자력환경공단

    ① 외환과 국채를 모두 매입한다.
    ② 외환과 국채를 모두 매도한다.
    ③ 외환을 매도하고 국채를 매입한다.
    ④ 외환을 매입하고 국채를 매도한다.
    ⑤ 외환을 매입하고 국채를 발행한다.

53 J-curve효과에 대한 다음 설명 중 옳지 않은 것은?   ┃예금보험공사
★★★
    ① 수출수요와 수입수요는 단기에 가격비탄력적이다.
    ② 수출수요와 수입수요는 장기에 가격탄력적이다.
    ③ 환율이 상승하면 즉각적인 경상수지 적자를 나타낸다.
    ④ 환율이 상승하면 장기에 경상수지에는 아무 영향을 미치지 못한다.
    ⑤ 환율변화와 경상수지 간의 관계는 수출수요와 수입수요의 탄력성에 의존한다.

54 자본의 이동이 자유로운 경제의 $IS-LM-BP$ 모형이 다음 그림과 같을 때, 다음 설명 중 옳은 것은? (단, 최초의
★★☆ 균형은 A이다)   ┃주택도시보증공사

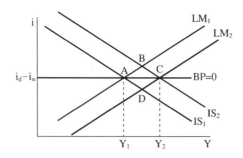

    ① 변동환율제도에서 확대재정정책의 새로운 균형은 B이다.
    ② 변동환율제도에서 확대금융정책의 새로운 균형은 D이다.
    ③ 고정환율제도에서 확대재정정책의 새로운 균형은 A이다.
    ④ 변동환율제도에서 확대금융정책의 새로운 균형은 A이다.
    ⑤ 고정환율제도에서 확대금융정책의 새로운 균형은 A이다.

재정학(3문항)

55 우리나라의 국세에 해당하지 않는 것은?

★☆☆

한국주택금융공사

① 법인세
② 종합부동산세
③ 재산세
④ 부가가치세
⑤ 양도소득세

56 조세의 경제적 효과에 대한 설명 중 옳지 않은 것은? (단, 여가는 정상재이다)

★★☆

한국주택금융공사

① 비례소득세를 부과할 때, 대체효과에 의하면 여가가격의 하락으로 여가가 증가한다.
② 비례소득세를 부과할 때, 소득효과에 의하면 실질소득의 감소로 노동시간이 증가한다.
③ 누진소득세 부과가 노동공급에 미치는 영향은 비례소득세 부과와 유사하지만 고소득자에게 불리하다.
④ 소득효과에 의하면 근로소득세의 부과는 저축에 영향을 미치지 않는다.
⑤ 근로소득세 과세는 초과부담을 발생시킨다.

57 2기간 생애주기모형에서 이자소득세의 부과에 대한 설명으로 다음 중 옳지 않은 것은? (단, 현재소비와 미래소비는

★★☆

모두 정상재이다)

한국수자원공사

① 소득효과에 따르면 미래소비를 감소시킨다.
② 대체효과에 따르면 미래소비의 상대가격이 상승한다.
③ 소득효과와 대체효과 모두 미래소비를 감소시킨다.
④ 대체효과가 소득효과보다 크다면 저축이 증가한다.
⑤ 이자소득세는 초과부담을 발생시킨다.

계량경제학(3문항)

58 다음 중 단순선형회귀모형의 기본 가정에 해당하지 않는 것은?　┃기술보증기금
★★☆

① 오차항 ε_i는 평균 0을 가지는 확률변수이다.

② 오차항 ε_i의 분산은 0이어야 한다.

③ 오차항 ε_i는 서로 상관되어 있지 않다.

④ 독립변수 X는 비확률적이며, 독립변수 X와 종속변수 Y 사이의 관계는 선형적이다.

⑤ 오차항 ε_i는 정규분포를 따라야 한다.

59 다음 중 다중공선성이 높을 때 나타날 수 있는 결과로 가장 거리가 먼 것은?　┃예금보험공사
★★★

① 공선성의 정도가 커질수록 추정량의 분산이 커진다.

② 공선성의 정도가 커질수록 추정량의 공분산이 커진다.

③ 신뢰구간이 크게 나타남에 따라 그릇된 가설을 채택할 확률이 높아진다.

④ R^2값은 높고 t값은 통계적으로 유의적이지 않은 현상이 나타날 수 있다.

⑤ 자료의 변화에 대하여 최소제곱(OLS) 추정량과 표준오차가 둔하게 반응한다.

60 100개의 표본을 임의로 추출한 결과 평균이 40, 표준편차가 8이었다고 한다. 100개의 표본을 이용한 전체평균을 95%
★★☆　의 신뢰수준으로 추정한 결과에 대하여 가능하지 않은 것은? (단, $Z_{0.025} = 1.96$, $Z_{0.05} = 1.645$)　┃예금보험공사

① 40　　　　　　　　　　　　② 40.5

③ 41　　　　　　　　　　　　④ 41.5

⑤ 42

MEMO

명쾌한 해설

공기업 전공필기 경제학
실제유형 모의고사

정답 및 해설

www.sdedu.co.kr

SD
에듀

2021 최신기출문제 정답 및 해설

01	02	03	04	05	06	07	08	09	10
④	②	③	④	②	②	③	④	②	②
11	12	13	14	15	16	17	18	19	20
③	①	③	②	②	⑤	③	③	⑤	③
21	22	23	24	25	26	27	28	29	30
③	③	①	②	④	③	④	②	⑤	④
31	32	33	34	35	36	37	38	39	40
①	③	①	⑤	④	②	①	②	④	③
41	42	43	44	45	46	47	48	49	50
⑤	②	③	①	②	②	②	②	⑤	③
51	52	53	54	55	56	57	58	59	60
①	④	④	③	④	②	①	③	③	⑤

미시경제학(22문항)

01 ④ ☑1회독 ○ △ × ☑2회독 ○ △ ×

희소성은 상대적인 개념으로 자원의 절대적인 양에 따라 결정되는 것이 아니라 인간의 욕구에 비해 자원이 상대적으로 부족할 때 나타난다. 자원의 절대적인 양이 적더라도 해당 자원에 대한 사람들의 욕구가 더 적다면 그 자원은 희소한 상태에 놓였다고 볼 수 없다.

02 ② ☑1회독 ○ △ × ☑2회독 ○ △ ×

기회비용이란 선택가능한 대안 중 하나의 대안을 선택함으로써 포기해야 하는 대안 중 가장 가치가 큰 대안을 의미한다. 따라서 B사를 선택한 것에 대한 기회비용은 나머지 A, C 회사가 제시한 연봉 중 가장 높은 A사가 제시한 연봉인 3,500만 원이 된다.

03 ③ ☑1회독 ○ △ × ☑2회독 ○ △ ×

저량변수는 일정한 시점에 측정되는 변수이다. 통화량, 노동량, 자본량, 국부, 외채, 물가 등은 저량변수에 포함된다.

더알아보기

유량변수와 저량변수

구 분	개 념	예 시
유량변수 (Flow)	일정기간에 측정되는 변수	국민소득, 국제수지, 수출입, 재정적자, 수요, 공급, 투자 등
저량변수 (Stock)	일정한 시점에 측정되는 변수	재산, 국부, 부채, 외채, 노동량, 자본량, 외환보유고, 물가, 환율, 주가, 통화량, 실업률 등

04 ④ ☑1회독 ○ △ × ☑2회독 ○ △ ×

④, ⑤ 핫도그가 열등재인 경우 소득의 감소는 핫도그 수요의 증가를 초래한다. 핫도그의 주원료인 밀가루 가격의 상승으로 핫도그 공급은 감소한다. 공급이 감소하고 수요가 증가하는 경우 가격은 상승하고 수량 변화는 불분명하다.

①, ②, ③ 핫도그가 정상재인 경우 소득의 감소는 핫도그 수요의 감소를 초래한다. 수요와 공급이 모두 감소하는 경우 가격변화는 불분명하고 수량은 감소한다.

더알아보기

수요의 변화요인

요 인		변 화	수요곡선 이동
소득수준 향상	정상재	증 가	우측으로 이동
	열등재	감 소	좌측으로 이동
재화가격 상승	대체제	증 가	우측으로 이동
	보완재	감 소	좌측으로 이동

05 ② ☑1회독 ○ △ × ☑2회독 ○ △ ×

균형은 수요량과 공급량이 맞아떨어지는 것을 뜻하므로, $Q_D = Q_S$로 놓고, 수요함수와 공급함수를 연립하여 균형가격 P^*와 균형수량 Q^*을 구한다.

$$Q = -3P + 100 = 4P - 40$$
$$7P = 140$$
$$P^* = 20, \quad Q^* = 40$$

06 ②

☑ 1회독 ○ △ ✕ ☑ 2회독 ○ △ ✕

$$수요의\ 가격탄력성 = -\frac{\dfrac{\triangle Q_D}{Q_D}}{\dfrac{\triangle P}{P}} = -\frac{\triangle Q_D}{\triangle P} \times \frac{P}{Q_D}$$

$$\frac{\triangle Q_D}{\triangle P} = \frac{\triangle(200-10P)}{\triangle P} = -10$$

$$\frac{P}{Q_D} = \frac{P}{200-10P}$$

$$\therefore\ 가격탄력성 = -(-10) \times \frac{P}{200-10P} = \frac{P}{20-P}$$

더알아보기

수요의 가격탄력성
- 어떤 재화의 가격이 변화할 때 그 재화의 수요량의 변화 정도를 나타내는 지표
- 수요의 가격탄력성(ε_P)

$$= -\frac{수요량의\ 변화율(\%)}{가격의\ 변화율(\%)} = -\frac{\dfrac{\triangle Q_D}{Q_D}}{\dfrac{\triangle P}{P}} = -\frac{\triangle Q_D}{\triangle P} \times \frac{P}{Q_D}$$

- 수요의 가격탄력성이 1보다 큰 경우($\varepsilon_P > 1$), 수요의 가격탄력성은 '탄력적'이 되며 사치재가 이에 속한다. 수요의 가격탄력성이 1보다 작은 경우($\varepsilon_P < 1$), 수요의 가격탄력성은 '비탄력적'이 되며 일반적으로 필수재가 비탄력적인 수요를 가진다.

07 ③

☑ 1회독 ○ △ ✕ ☑ 2회독 ○ △ ✕

소득탄력성(ε_M)의 공식을 사용하여 구한다. 영수의 연봉이 3,200만 원에서 3,680만 원으로 15% 높아질 경우, 소고기 소비량은 6kg에서 8.7kg으로 45% 증가한다. 따라서 소득변화율은 15%이고, 소비변화율은 45%이므로 소득탄력성(ε_M)은 = 3이다.

더알아보기

수요의 소득탄력성
- 소득변화에 따른 수요량의 변화정도를 측정하는 지표
- 수요의 소득탄력성(ε_M)

$$= \frac{수요량의\ 변화율(\%)}{소득의\ 변화율(\%)} = \frac{\dfrac{\triangle Q}{Q}}{\dfrac{\triangle M}{M}} = -\frac{\triangle Q}{\triangle M} \times \frac{M}{Q}$$

- 정상재($\varepsilon_M > 0$)란 소득이 증가함에 따라 그 수요가 증가하는 재화로 필수재($0 < \varepsilon_M < 1$)와 사치재($\varepsilon_M > 1$)가 이에 속한다. 열등재($\varepsilon_M < 0$)란 소득이 증가함에 따라 오히려 그 수요가 감소하는 재화이다.

08 ④

☑ 1회독 ○ △ ✕ ☑ 2회독 ○ △ ✕

완전탄력적인 수요곡선의 경우 가격변화에 따른 수요의 변화가 가장 민감하다. 따라서 완전탄력적인 재화의 수요곡선은 수평선의 형태를 띤다.

더알아보기

수요의 가격탄력성과 판매자의 총수입
- 수요가 탄력적인 경우
  가격이 상승하는 경우 → 가계 지출액 감소, 기업의 판매수입 감소
  가격이 하락하는 경우 → 가계 지출액 증가, 기업의 판매수입 증가
- 수요가 비탄력적인 경우
  가격이 상승하는 경우 → 가계 지출액 증가, 기업의 판매수입 증가
  가격이 하락하는 경우 → 가계 지출액 감소, 기업의 판매수입 감소

09 ②

☑ 1회독 ○ △ ✕ ☑ 2회독 ○ △ ✕

균형 : $28 - 4P = 4 + 2P$, $P^* = 4$ $Q^* = 12$
소비자잉여는 수요곡선과 가격 사이의 넓이이므로
$(7-4) \times 12 \div 2 = 18$

10 ②

☑ 1회독 ○ △ ✕ ☑ 2회독 ○ △ ✕

수요의 가격탄력성이 클수록 가격상승폭이 작아지므로 소비자의 조세부담은 작아진다.
① 공급이 가격변화에 대해 탄력적일수록 가격상승폭이 커지므로 소비자의 조세부담은 커지고 생산자의 조세부담은 작아진다.
③ 수요가 가격변화에 대해 완전탄력적이면 세금은 생산자가 전적으로 부담한다.
④ 수요가 가격변화에 대해 완전비탄력적이면 세금은 소비자가 전적으로 부담한다.
⑤ 생산자에게 종량세를 부과하면 수요자와 공급자 모두가 부담하지만, 상대적으로 가격탄력성이 낮은 쪽이 세금을 더 많이 부담한다.

더알아보기

탄력성과 조세귀착
조세 귀착분의 상대적 크기는 수요곡선과 공급곡선의 탄력성에 의존한다.
- 공급곡선이 완전탄력적인 경우 조세는 전액 소비자가 부담한다.
- 공급곡선이 완전비탄력적인 경우 조세는 전액 생산자가 부담한다.
- 수요곡선이 완전탄력적인 경우 조세는 전액 생산자가 부담한다.
- 수요곡선이 완전비탄력적인 경우 조세는 전액 소비자가 부담한다.

11 ③
☑ 1회독 ○ △ ✕   ☑ 2회독 ○ △ ✕

무차별곡선이 원점에 대해서 볼록하게 생겼다는 것은 한계대체율 체감의 법칙이 성립하고 있다는 것을 의미한다.

더알아보기

무차별곡선의 특징
- A재와 B재 모두 재화라면 무차별곡선은 우하향하는 모양을 갖는다 (대체가능성).
- 원점에서 멀어질수록 높은 효용수준을 나타낸다(단조성).
- 두 무차별곡선은 서로 교차하지 않는다(이행성).
- 모든 점은 그 점을 지나는 하나의 무차별곡선을 갖는다(완비성).
- 원점에 대해 볼록하다(볼록성).

12 ①
☑ 1회독 ○ △ ✕   ☑ 2회독 ○ △ ✕

기대소득과 기대효용은 각각 다음과 같이 계산된다.

$$E(X) = (0.5 \times 400) + (0.5 \times 900)$$
$$= 200 + 450 = 650$$

$$E(U(X)) = (0.5 \times \sqrt{400}) + (0.5 \times \sqrt{900}) = 10 + 15 = 25$$

확실성등가(Certainty Equivalence ; CE)는 불확실한 기대소득과 동일한 효용을 제공하는 확실한 소득을 의미한다. 그러므로 확실한 소득이 625만 원일 때도 기대효용과 동일한 25만큼의 효용을 얻을 수 있으므로 확실성등가는 625만 원이다. 한편, 위험프리미엄(Risk-premium)은 불확실한 소득을 확실한 소득으로 교환하기 위하여 지불할 용의가 있는 금액이므로 기대소득에서 확실성등가를 차감하여 계산한 25만 원이 된다.

13 ③
☑ 1회독 ○ △ ✕   ☑ 2회독 ○ △ ✕

기술이 진보하면 더 적은 양의 노동(L)과 자본(K)으로 생산이 가능해지기 때문에 등량곡선이 원점으로 가까워진다.

더알아보기

등량곡선의 특징
- 등량곡선은 원점에 대하여 볼록하다(볼록성).
- 등량곡선은 우하향하는 곡선이다(노동과 자본의 대체가능성).
- 등량곡선은 원점에서 멀어질수록 더 높은 생산수준을 나타낸다(단조성).
- 등량곡선은 서로 교차할 수 없다(이행성).
- 등량곡선은 좌표평면상 어디서든 그려진다(완비성).

14 ②
☑ 1회독 ○ △ ✕   ☑ 2회독 ○ △ ✕

장기평균비용(LAC)곡선이 단기평균비용(SAC)곡선의 포락선이기는 하지만 규모의 경제가 발생하는 구간(LAC가 우하향하는 구간)에서는 SAC의 최저점보다 왼쪽에서 LAC와 접하고, 규모의 불경제가 발생하는 구간(LAC가 우상향하는 구간)에서는 SAC의 최저점보다 오른쪽에서 LAC와 접한다.

15 ②
☑ 1회독 ○ △ ✕   ☑ 2회독 ○ △ ✕

생산함수가 $Q = (2L + 4K)$로 주어져 있다면 선형 생산함수에 속하므로 대체탄력성은 무한대의 값을 갖는다.

더알아보기

대체탄력성
- 생산과정에서 두 재화(노동, 자본)의 비율이 그 한계기술대체율의 변화에 어떻게 반응하는지 보임으로써 두 재화가 대체되는 정도를 나타내는 지표이다.
- $$\sigma = \frac{\text{요소투입비율의 변화율(\%)}}{\text{한계기술대체율의 변화율(\%)}}$$
$$= \frac{\frac{d(K/L)}{(K/L)}}{\frac{d(MRTS_{LK})}{(MRTS_{LK})}} = \frac{\frac{d(K/L)}{(K/L)}}{\frac{d(MP_L/MP_K)}{(MP_L/MP_K)}}$$
- 등량곡선의 모양과 대체탄력성
  등량곡선이 볼록할수록 대체탄력성이 작고, 직선에 가까울수록 대체탄력성이 크다.
  예 보완재인 경우 : 레온티에프 생산함수의 대체탄력성은 0으로 일정하다.
  대체재인 경우 : 선형 생산함수의 대체탄력성은 무한대로 일정하고, 콥-더글라스 생산함수의 대체탄력성은 1로 일정하다.

16 ⑤
☑ 1회독 ○ △ ✕   ☑ 2회독 ○ △ ✕

완전경쟁시장은 경제주체들이 가격 등 시장에 관한 완전한 정보를 보유하고 있으며, 미래에 대한 불확실성은 없는 것으로 가정한다.

더알아보기

완전경쟁시장의 특징
- 다수의 수요자와 공급자가 존재한다(가격수용자).
- 상품은 동질적이다.
- 시장지배력은 존재하지 않는다.
- 가격설정능력은 없다.
- 개별기업의 수요곡선은 수평선이다.
- 기업의 진입과 퇴출이 자유롭다.
- 장기초과이윤은 항상 0이다.

17 ③   ☑ 1회독 ○ △ ✕   ☑ 2회독 ○ △ ✕

완전경쟁시장의 장기균형은 LAC의 최저점에서 달성된다($P = LAC = LMC$).

$$LAC = \frac{LTC}{q} = q^2 - 8q + 48$$

LAC의 최저점에서 LAC의 기울기는 0이므로,

$$\frac{dLAC}{dq} = 2q - 8 = 0, \quad q = 4, \quad P = LAC = 32$$

> **더알아보기**
>
> 완전경쟁시장의 장기균형조건
> 기존기업의 퇴거나 새로운 기업의 진입이 더 이상 이루어지지 않는
> 상태를 의미하며, 다음의 조건을 충족한다.
> $P = AR = MR = SMC = SAC = LMC = LAC$

18 ③   ☑ 1회독 ○ △ ✕   ☑ 2회독 ○ △ ✕

가격차별이란 동일한 재화와 서비스에 대해 서로 다른 가격을 책정하는 이윤극대화 행동의 하나로, 가격차별에는 1급 가격차별, 2급 가격차별, 3급 가격차별이 있다.
학생과 노인에게 영화표 할인, 성수기의 비행기 가격 인상, 신문의 할인 쿠폰, 비수기 호텔 요금 할인은 수요의 가격탄력성에 따라 서로 다른 가격을 부과한 것이므로 3급 가격차별에 속한다. 의복 브랜드의 노세일 전략은 항상 동일한 가격으로 판매하는 것이므로 가격차별과 아무런 연관이 없다.

> **더알아보기**
>
> **가격차별의 종류 및 특징**
>
> | 구 분 | 개 념 | 특 징 |
> |---|---|---|
> | 1급 가격차별 | 모든 상품에 대해 수요자가 지불할 용의가 있는 최대액을 부과하는 형태의 가격차별 | • 소비자잉여가 전부 독점기업에 귀속(소비자잉여 = 0)
 • 수요곡선이 MR과 일치하므로 생산량은 완전경쟁과 동일함 |
> | 2급 가격차별 | 소비자가 상품구입량에 따라 서로 다른 가격을 설정하는 형태의 가격차별 | • 소비자잉여의 일부가 생산자잉여로 전가됨
 • 생산량은 가격차별 이전보다 증가함 |
> | 3급 가격차별 | 각 시장의 수요의 가격탄력성에 따라 서로 다른 가격을 설정하는 형태의 가격차별 | • 상대적으로 가격탄력성이 큰 시장에서는 낮은 가격을 설정
 • $MR_1 = MR_2 = MC$인 점에서 이윤극대화 추구
 • 생산량은 가격차별 이전보다 증가함 |

19 ⑤   ☑ 1회독 ○ △ ✕   ☑ 2회독 ○ △ ✕

과점시장은 소수의 기업이 지배하는 시장이므로 과점기업 간의 상호의존성이 매우 높다. 그러므로 과점시장에서 경쟁하는 기업들은 상대 기업의 전략에 따라 자신의 최적의 전략을 취하게 된다. 이러한 과정에서 담합이나 카르텔이 발생하기도 한다.
과점시장에서 기업은 이윤 극대화를 위해 가격경쟁 외에 광고, 제품차별화 등을 통한 치열한 비가격 경쟁을 통해 시장점유율을 높이려고 하므로 가격이 신축적으로 변하지 못하고 자원이 비효율적으로 사용된다.

20 ③   ☑ 1회독 ○ △ ✕   ☑ 2회독 ○ △ ✕

내쉬균형은 항상 파레토효율적인 자원배분을 보장하는 것은 아니다.

> **더알아보기**
>
> **게임이론**
> 게임이론이란 과점시장에서 기업들이 서로 상호연관관계에 따른 전략적인 상황에 처해 있는 경우 기업 간 경쟁과 행동을 분석하고 예측하는 이론이다.
> • 우월전략균형 : 상대방의 전략이 무엇이든 자신에게 유리한 전략을 선택함으로써 달성되는 균형으로, 용의자의 딜레마(비협조적 게임)에서의 균형이며, 카르텔(협조적 게임)의 균형이다.
> • 내쉬균형 : 상대방의 전략을 주어진 것으로 보고 그 주어진 선택에 대하여만 자신에게 최적인 전략을 선택함으로써 달성되는 균형으로, 꾸르노 모형에서의 반응곡선이 내쉬전략에 해당한다.
> • 순차게임 : 경기자 중 한 명이 먼저 전략을 선택한 후 다른 경기자가 그에 따라 조건부전략을 수립하게 되는 게임으로, 완전균형이 존재하려면 내쉬조건과 신뢰성조건이 전제되어야 한다.

21 ③   ☑ 1회독 ○ △ ✕   ☑ 2회독 ○ △ ✕

코즈에 따르면 소유권을 어느 주체에 귀속시키든지 자원배분의 효율성은 동일하다.

> **더알아보기**
>
> **코즈(R.Coase)의 정리**
> • 개념 : 코즈는 소유권이 확립되어 있고 거래비용이 없다면 부정적 외부효과를 발생시키는 경제주체와 피해를 입는 경제주체 간 자발적 협상을 통하여 외부성 문제의 해결이 가능하며, 효율적 자원배분을 이룰 수 있다고 보았다. 코즈는 외부성의 발생원인을 소유권의 부재로 본다.
> • 한계
>   – 협상과정에 드는 거래비용이 클 경우 협상이 성공하기 어렵다.
>   – 외부성의 이해당사자를 명확히 규정하기 어렵다.
>   – 이해당사자가 다수인 경우 협상이 어렵다.

정답 및 해설

22 ③ ☑1회독 ○△✕ ☑2회독 ○△✕

ㄱ. 도덕적 해이란 감추어진 행동의 상황에서 어떤 계약이 행해진 이후에 정보를 가진 측이 바람직하지 못한 행동을 하는 현상을 의미한다(사후적 개념).

ㄴ. 역선택은 정보의 비대칭성하에서 정보를 갖지 못한 자가 가장 바람직하지 않은 상대(정보를 가진 자)와 거래할 가능성이 높아지는 현상을 의미한다(사전적 개념).

거시경제학(22문항)

23 ① ☑1회독 ○△✕ ☑2회독 ○△✕

- 2021년의 명목GDP = (20만 원 × 200) + (100만 원 × 50)
  = 9,000만 원
- 2021년의 실질GDP = (10만 원 × 200) + (150만 원 × 50)
  = 9,500만 원

따라서 2021년의 GDP디플레이터 = $\frac{9,000}{9,500} \times 100 = 94.7$

더알아보기

명목GDP, 실질GDP, GDP디플레이터
- 명목GDP : 그 해의 생산물에 당해연도 가격을 곱하여 계산한다.
- 실질GDP : 그 해의 생산물에 기준연도 가격을 곱하여 계산한다.
- GDP디플레이터 : $\frac{명목GDP}{실질GDP} \times 100$

24 ② ☑1회독 ○△✕ ☑2회독 ○△✕

$Y = C + I + G + NX$

$Y = 300 + 0.75DI + 900 + 1,300 - 100$

$DI = Y - T$이므로

$Y = 2,400 + 0.75(Y - 1,200) = 2,400 + 0.75Y - 900$

$0.25Y = 1,500$

따라서 $Y = 6,000$

더알아보기

국민소득계정 항등식과 가처분소득
- 국민소득계정은 GDP를 소비(C), 투자(I), 정부구매(G), 순수출(NX)의 4가지 범주로 분류하고 있으며 Y가 GDP를 의미한다면 $Y = C + I + G + NX$의 국민소득계정 항등식이 성립한다.
- 가처분소득은 정부에 조세를 납부한 후 가계 및 비법인 영업주체가 사용할 수 있는 총액을 의미하는 개념이다.

25 ④ ☑1회독 ○△✕ ☑2회독 ○△✕

- 중앙은행이 공개시장에서 채권 매도 → 통화량 감소 → LM곡선 좌측 이동
- 세금감면 → 정부지출 증가 → IS곡선 우측 이동

따라서 LM곡선이 좌측으로 이동하고, IS곡선이 우측으로 이동하면 이자율은 반드시 상승하지만, 산출량은 IS곡선과 LM곡선의 상대적인 이동 폭에 따라 증가할 수도, 감소할 수도 있다.

더알아보기

IS곡선과 LM곡선의 이동요인
- 소비 증가, 투자 증가, 정부지출 증가, 수출 증가 → IS곡선 우측 이동
- 조세 증가, 수입 증가, 저축 증가 → IS곡선 좌측 이동
- 통화량 증가 → LM곡선 우측 이동
- 물가 상승 → 실질통화량 감소 → LM곡선 좌측 이동

26 ③ ☑1회독 ○△✕ ☑2회독 ○△✕

장기에는 기대물가수준(P^e)이 실제물가수준(P)과 같아지므로 주어진 총공급곡선(AS) 식에 $P = P^e$를 대입하면, $Y = 500$이 된다. 즉 장기에는 물가수준과 관계없이 산출량(Y)은 500으로 고정된 값이므로 장기에 물가수준은 총수요곡선(AD)에 의해 결정된다는 의미이다.

따라서 총수요곡선(AD) 식에 $Y = 500$, $M = 1,200$을 대입하면,

$500 = 300 + 10\left(\frac{1,200}{P}\right)$

$200 = 10\left(\frac{1,200}{P}\right)$

따라서 $P = 60$

27 ④ ☑1회독 ○△✕ ☑2회독 ○△✕

통화승수(m) = $\frac{1}{c + z(1-c)}$ = $\frac{1}{0 + 0.25(1-0)}$ = 4

따라서 통화량을 2억 원 증가시키기 위해서는 본원통화의 공급은 5천만 원 증가해야 한다.

더알아보기

통화승수(m)
- 정의 : 본원통화가 1단위 공급되었을 때 통화량이 얼마나 증가하는지를 보여주는 배수
- 공 식
  - 현금통화비율(c)이 주어진 경우 : $\frac{1}{c + z(1-c)}$
    (z는 법정지급준비율과 초과지급준비율의 합으로 법정지급준비율은 중앙은행이 결정하고 초과지급준비율은 예금은행이 결정한다.)
  - 현금-예금비율(k)이 주어진 경우 : $\frac{k+1}{k+z}$

28 ②

☑ 1회독 ○ △ ✕ ☑ 2회독 ○ △ ✕

피셔의 교환방정식 $MV=PY$를 증가율로 나타내면,

$$\frac{dM}{M}+\frac{dV}{V}=\frac{dP}{P}+\frac{dY}{Y}$$

통화량증가율 $\frac{dM}{M}=10\%$, 실질경제성장률 $\frac{dY}{Y}=5\%$,

화폐유통속도는 일정하다고 가정하였으므로 $\frac{dV}{V}=0$이다.

따라서 $10\%+0=\frac{dP}{P}+5\%$, $\frac{dP}{P}=5\%$로 계산된다.

또한 피셔효과는 '명목이자율 = 실질이자율 + (기대)인플레이션율'로 나타낼 수 있으므로,

명목이자율 = 0% + 5% = 5%가 된다.

> **더알아보기**
>
> **적정통화증가율**
> 피셔의 교환방정식 $MV=PY$를 다음과 같이 전미분하여 구한다.
>
> $$\frac{dM}{M}+\frac{dV}{V}=\frac{dP}{P}+\frac{dY}{Y} \rightarrow \frac{dM}{M}=\frac{dP}{P}+\frac{dY}{Y}-\frac{dV}{V}$$

29 ⑤

☑ 1회독 ○ △ ✕ ☑ 2회독 ○ △ ✕

직장을 구하다 구직활동을 포기한 실망실업자(실망노동자)는 비경제활동인구로 집계되므로 실업자 중에서 구직활동을 포기한 사람이 많아지면 실업률이 낮아진다.

> **더알아보기**
>
> - 15세 이상의 인구 = 경제활동인구 + 비경제활동인구
> - 경제활동인구 = 취업자 + 실업자
> - 실업률 = $\dfrac{\text{실업자수}}{\text{경제활동인구}} \times 100 = \dfrac{\text{실업자}}{\text{취업자 + 실업자}} \times 100$

30 ④

☑ 1회독 ○ △ ✕ ☑ 2회독 ○ △ ✕

- 경제활동참가율 = $\dfrac{\text{경제활동인구}}{\text{15세 이상 인구}} \times 100$

$$= \frac{4,000-1,500-1,000}{4,000-1,500} \times 100$$

$$= \frac{1,500}{2,500} \times 100 = 60\%$$

- 실업률 = $\dfrac{\text{실업자수}}{\text{경제활동인구}} \times 100 = \dfrac{50}{1,500} \times 100 = 3.3\%$

31 ①

☑ 1회독 ○ △ ✕ ☑ 2회독 ○ △ ✕

원유가격 인상, 노동자의 임금 인상 등의 비용인상 요인이 발생하면 총공급곡선이 좌측으로 이동하므로 물가가 상승하고 국민소득이 감소한다. 물가상승은 인플레이션율 상승을, 국민소득 감소는 실업률 상승을 의미하므로 인플레이션율과 실업률이 모두 상승하면 단기 필립스곡선이 우상방으로 이동한다.

> **더알아보기**
>
> **필립스곡선**
> - 인플레이션율(π)과 실업률(u) 간에 존재하는 역의 관계를 나타내는 곡선이다.
>
> $$\pi=-\alpha(u-u_N)$$
>
> ($\pi>0$, u : 실제실업률, u_N : 자연실업률, α : 경기순환적 실업에 대한 인플레이션의 반응)
>
> - 필립스곡선이 우하향하는 것은 총공급곡선이 우상향하기 때문이다.
> - 우하향의 필립스곡선은 물가안정과 완전고용의 동시달성이 불가능하다는 것을 의미한다(고전학파의 경우는 총공급곡선이 수직선이므로 필립스곡선도 수직선임).

32 ③

☑ 1회독 ○ △ ✕ ☑ 2회독 ○ △ ✕

자연실업률은 실제인플레이션율과 기대인플레이션율이 같을 때의 실업률을 의미하므로 $\pi_t^e=\pi_t$를 주어진 필립스곡선식에 대입하면 $3u_t=15$, 자연실업률 $u_t=5$가 된다.

> **더알아보기**
>
> **자연실업률**
> - 정의 : 노동시장이 균형을 이루고 있어 취업자와 실업자의 수가 변하지 않는 상태에서의 실업률로, 균형실업률이라고도 한다.
>
> $$\text{자연실업률}(u_N) = \frac{\text{이직률}}{\text{구직률 + 이직률}}$$
>
> - 가설 : 프리드만과 펠프스는 경제주체들의 예상인플레이션율이 변화하면 필립스곡선이 이동한다고 보고 다음과 같이 기대부가 필립스곡선을 도입하였다.
>
> $$\pi=\pi^e-\alpha(u-u_N)$$
>
> (π : 인플레이션, π^e : 기대인플레이션, u : 실제실업률, u_N : 자연실업률, $u-u_N$: 경기순환적 실업, α : 경기순환적 실업에 대한 인플레이션의 반응)

정답 및 해설

안심Touch

33 ①　　☑1회독 ○△✕　☑2회독 ○△✕

재할인율이 인하되면 예금은행들의 중앙은행 차입이 증가하므로 본원통화가 증가한다. 반면, 중앙은행이 환매채를 발행하거나 국채를 매각하면 그 매각대금이 중앙은행으로 유입되므로 오히려 통화량이 감소한다.

34 ⑤　　☑1회독 ○△✕　☑2회독 ○△✕

항상소득가설에 의하면 소비는 주로 항상소득에 의해 결정되므로 일시적인 소득이 변동할 때에는 소비가 별로 변하지 않는다. 따라서 정부가 조세를 단기에만 변화시킬 경우에는 항상소득은 변동되지 않고 임시소득만 변동되므로 소비는 별로 변하지 않는다. 반면, 조세를 장기간 변화시킬 때는 항상소득이 변동되므로 소비도 큰 폭으로 변화한다.

> **더알아보기**
>
> **항상소득가설**
> • 소비는 항상소득에 의해서만 결정되며, 임시소득은 대부분 소비되지 않고 저축된다.
> • 일시적인 조세정책은 효과가 없기 때문에 일시적인 세율인하 시 소비는 거의 증가하지 않는다.
> • 장기소비함수는 원점을 통과하는 직선($APC = MPC$)이고, 단기 소비함수는 소비축을 통과하는 직선이다($APC > MPC$).

35 ④　　☑1회독 ○△✕　☑2회독 ○△✕

구축효과란 정부지출이 증가하면 이자율이 상승함에 따라 민간투자가 감소하는 효과를 말한다.

36 ②　　☑1회독 ○△✕　☑2회독 ○△✕

예금에 대한 이자율이 상승하면 화폐보유의 기회비용이 높아져 사람들의 현금보유비율이 낮아지므로 통화승수가 증가하게 된다. 또한 전자화폐의 사용이 증가할 경우에도 사람들의 현금보유비율이 낮아지므로 통화승수가 증가한다. 반면, 은행파산에 대한 우려가 높아지면 사람들은 돈을 은행에 예금하기보다는 현금으로 보유하려 할 것이므로 현금통화비율이 높아져 통화승수가 감소한다.

37 ①　　☑1회독 ○△✕　☑2회독 ○△✕

단기 총공급곡선(SAS)이 수평이고, 장기 총공급곡선(LAS)이 수직인 경우이므로 다음 그림과 같이 최초 균형점은 E점에서 형성된다.

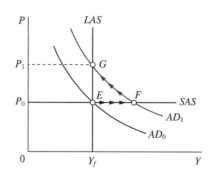

통화공급이 증가하면 총수요가 증가하므로 총수요곡선이 오른쪽으로 이동($AD_0 \rightarrow AD_1$)하고, 총수요곡선이 오른쪽으로 이동하면 단기에 균형점은 단기 총공급곡선상의 F점으로 이동하므로 물가는 변하지 않고 산출량만 증가한다. 산출량이 완전고용산출량을 넘어서면 임금 및 물가가 상승하게 되어 생산량이 점차 감소하므로 장기에는 균형점이 장기 총공급곡선상의 G점으로 이동한다. 따라서 장기에는 산출량 증가효과는 나타나지 않고 물가만 상승($P_0 \rightarrow P_1$)하게 된다.

38 ②　　☑1회독 ○△✕　☑2회독 ○△✕

한계소비성향이 0.4이고, 세율이 0.5이므로 투자승수는 다음과 같이 계산한다.

$$\frac{dY}{dI} = \frac{1}{1 - c(1-t)} = \frac{1}{1 - 0.4(1 - 0.5)} = \frac{1}{1 - 0.2}$$
$$= \frac{1}{0.8} = 1.25$$

승수가 1.25이므로 외생적인 투자가 100만큼 증가하면 국민소득은 125만큼 증가한다.

> **더알아보기**
>
> **승수의 개념**
> 독립지출의 변화에 따라 균형국민소득이 얼마나 변화하는지를 나타내는 척도를 의미한다.
>
> $$승수 = \frac{균형국민소득의\ 증가분}{독립지출의\ 증가분}$$

39 ④　　☑1회독 ○△✕　☑2회독 ○△✕

정부가 빈곤층을 지원하기 위해 지출한 이전지출은 생산과 관계없는 것이므로 GDP 산정에 포함되지 않는다.

40 ③
☑1회독 ○△✕　☑2회독 ○△✕

고전학파에 의하면 실질이자율은 저축과 투자에 의해 결정되므로 통화량과는 무관하다.

더알아보기

실질이자율
- 현재의 이자율에서 인플레이션율을 차감한 것으로, 명목이자율에서 인플레이션율을 뺀 것이다.
- 명목이자율은 일정기간 동안에 예금이 얼마나 불어나는지를 알려주며, 실질이자율은 예금의 구매력이 얼마나 빠른 속도로 증가하는지를 나타낸다.

41 ⑤
☑1회독 ○△✕　☑2회독 ○△✕

① 인플레이션이 예상되면 명목이자율이 예상 인플레이션만큼 상승하므로 부와 소득의 재분배가 발생하지 않는다.
② 인플레이션을 억제하려면 통화량을 감소시켜야 하므로 중앙은행은 보유국채를 매각해야 한다.
③ 화폐유통속도가 불안정한 경우에는 통화량이 증가하더라도 동일한 정도의 물가상승이 이루어지지는 않는다.
④ 피셔효과에 의하면 예상인플레이션율이 상승하면 실질이자율이 아니라 명목이자율이 상승한다.

42 ②
☑1회독 ○△✕　☑2회독 ○△✕

성장회계에 따른 경제성장률 계산식
= 총요소생산성 증가율 + (노동소득분배율 × 노동증가율) + (자본소득분배율 × 자본증가율)
$= 1\% + \left(\dfrac{2}{3} \times 3\%\right) + \left(\dfrac{1}{3} \times 6\%\right)$
$= 5\%$

더알아보기

성장회계
- 경제성장의 요인을 요인별로 분석해보는 것을 의미한다.
- 생산함수 $Y = AF(L, \ K)$일 때 생산량 증가분은 다음과 같이 나타낼 수 있다.

> Y증가분 = A증가분 + L증가에 따른 생산량 증가분 + K증가에 따른 생산량 증가분
> A증가분 = Y증가분 - L증가에 따른 생산량 증가분 - K증가에 따른 생산량 증가분

→ 총요소생산성(A)은 한 나라의 기술수준에 의해 결정되며 직접 관찰이 불가능하므로 솔로우 잔차라고도 한다.

43 ③
☑1회독 ○△✕　☑2회독 ○△✕

인구증가율이 없다고 가정하였으므로 안정상태에서는 $sf(k) = dk$가 성립한다.

저축률 $s = 0.2$, 감가상각률 $d = 0.05$, 생산함수 $y = \sqrt{k}$로 주어졌으므로 $0.2\sqrt{k} = 0.05k$, $\sqrt{k} = 4$이다. 따라서 1인당 생산량이 4단위이고, 저축률이 20%이므로 안정상태에서의 1인당 소비량은 (1 - 0.2) × 4 = 3.2단위로 계산된다.

더알아보기

솔로우(Solow)모형의 기본 방정식

$$\frac{sf(k)}{k} = n \ \rightarrow \ sf(k) = nk$$

- 자본증가율 : $\dfrac{\triangle K}{K} = \dfrac{sf(k)}{k}$
- 인구증가율 : $\dfrac{\triangle L}{L} = n$
- $sf(k)$: 1인당 실제투자액
- nk : 현재의 1인당 자본량을 그대로 유지하기 위하여 필요한 투자액

44 ①
☑1회독 ○△✕　☑2회독 ○△✕

자본의 한계생산성이 높아지면 투자수익률이 그만큼 높아지게 되므로 자본의 한계생산성이 증가하면 투자수요가 증가한다.

더알아보기

주요 투자결정이론
- 내부수익률법 : 투자의 한계효율(m)과 이자율(r)을 비교하여 투자 여부를 결정한다.

> $m > r$: $NPV > 0$ → 투자증가
> $m < r$: $NPV < 0$ → 투자감소
> $m = r$: $NPV = 0$ → 투자중단
> (NPV : 순현재가치)

- 가속도원리 : 소득과 소비의 변화에 의하여 투자가 이루어진다.
- 토빈의 q : 주식시장에서 평가된 기업의 시장가치와 실물자본의 대체비용을 비교하여 투자여부를 결정한다.

> $q > 1$: 투자증가
> $q < 1$: 투자감소
> $q = 1$: 투자중단

정답 및 해설

국제경제학(10문항)

45 ②　☑1회독 ○△✕　☑2회독 ○△✕

한국과 일본의 쌀과 자동차 생산의 기회비용을 계산하면 다음의 표와 같다.

구 분	한 국	일 본
쌀	$\frac{1}{40}$	$\frac{1}{50}$
자동차	40	50

쌀 생산의 기회비용은 일본이 더 낮고, 자동차 생산의 기회비용은 한국이 더 낮다. 따라서 일본은 쌀 생산에 비교우위가 있고, 한국은 자동차 생산에 비교우위가 있다. 또한 한국의 자동차 1대와 교환되는 일본의 쌀의 양이 40가마에서 50가마 사이에서 결정되면 한국과 일본이 모두 무역의 이익을 얻을 수 있다.

46 ②　☑1회독 ○△✕　☑2회독 ○△✕

실질환율을 증가율로 나타낸 수식은 다음과 같다.

$$\frac{\triangle\epsilon}{\epsilon} = \frac{\triangle e}{e} + \frac{\triangle P_f}{P_f} - \frac{\triangle P}{P}$$

위 수식에 문제에서 주어진 수치를 각각 대입하면,
실질환율 증가율 = −10% + 6% − 4% = −8%
따라서 실질환율은 8% 하락한다.

> **더알아보기**
>
> 명목환율과 실질환율
> • 명목환율 : 양국 화폐의 교환비율
> • 실질환율 : 두 나라의 물가를 감안하여 조정한 비율
>
> $$\epsilon = \frac{e \times P_f}{P}$$ (ϵ : 실질환율, e : 명목환율)

47 ②　☑1회독 ○△✕　☑2회독 ○△✕

구매력평가설에 의하면 명목환율은 양국의 인플레이션율 차이만큼 변한다. 예를 들면, 우리나라의 물가상승률이 3%이고, 미국의 물가상승률이 5%이면 명목환율은 2% 하락한다. 따라서 미국의 물가상승률이 우리나라의 물가상승률보다 높다면 달러에 비해 원화의 구매력이 높아지므로 명목환율이 하락한다.

> **더알아보기**
>
> 구매력평가설
> • 가정 : 국제적으로 일물일가의 법칙이 성립한다.
> • 환율결정 : 환율은 양국통화의 구매력에 의하여 결정된다.
> • 환율변화 : 양국의 인플레이션율 차이만큼 환율이 변화한다.
>
> $$\frac{de}{e} = \frac{dP}{P} - \frac{dP_f}{P_f}$$
>
> ($\frac{de}{e}$: 환율상승률, $\frac{dP}{P}$: 자국의 물가상승률, $\frac{dP_f}{P_f}$: 외국의 물가상승률)

48 ②　☑1회독 ○△✕　☑2회독 ○△✕

원화와 엔화가 달러화에 비해 모두 강세를 보이고 있다 하더라도 원화의 강세가 엔화의 강세에 비해 상대적으로 더 강하다면, 원화가 엔화에 대해서도 평가절상이 이루어지기 때문에 우리나라가 일본에서 수입하는 부품의 가격은 하락한다. 따라서 일본산 부품을 사용하는 우리나라 기업의 생산비용은 감소한다.

49 ⑤　☑1회독 ○△✕　☑2회독 ○△✕

마샬-러너조건에 의하면 평가절하를 실시할 때 경상수지가 개선되기 위해서는 수입수요의 가격탄력성과 수출공급의 가격탄력성의 합이 1보다 커야 한다.

> **더알아보기**
>
> 마샬-러너조건
> 외환시장의 안정조건이라고도 하며, 평가절하를 실시할 때 경상수지가 개선되기 위해서는 다음의 조건이 성립해야 한다.
> • 자국의 수입수요의 가격탄력성 + 외국의 수입수요의 가격탄력성 > 1
> • 자국의 수입수요의 가격탄력성 + 자국의 수출공급의 가격탄력성 > 1

50 ③　☑1회독 ○△✕　☑2회독 ○△✕

J-curve효과가 발생하는 이유는 평가절하가 되면 단기적으로는 수출가격만 하락하고 수출량은 별로 증가하지 않는데 비하여, 장기적으로는 수출량이 대폭 증가하기 때문이다. 따라서 J-curve효과에 의하면, 평가절하를 실시하면 단기적으로 수출가격이 하락하고, 수입가격이 상승하여 우선 국제수지가 악화되나, 시간이 흐름에 따라 수출물량이 증가하고 수입물량이 감소하여 국제수지가 개선된다.

51 ①

☑ 1회독 O △ X ☑ 2회독 O △ X

환율하락(평가절상)의 효과
• 수출 감소, 수입 증가
• 경상수지 악화
• 총수요 감소
• 물가 하락
• 외채부담 감소

52 ④

☑ 1회독 O △ X ☑ 2회독 O △ X

일반적으로 환율의 움직임을 관찰해 보면 다른 경제변수들보다 훨씬 변동이 심하다. 즉 환율도 주가 또는 부동산가격 등 다른 자산가격과 마찬가지로 기초적인 경제변수들의 움직임보다 훨씬 크게 움직이는 오버슈팅(Overshooting) 현상을 보이고 있는데, 이에 대한 이론적인 설명을 시도한 것이 돈부쉬(R. Dornbusch)의 오버슈팅 이론이다. 오버슈팅은 통화량이 변화할 때 단기적으로 환율이 장기균형수준보다 더 큰 폭으로 변하는 현상으로, 돈부쉬는 오버슈팅 이론을 설명하기 위해 단기적인 물가수준의 경직성을 도입하였다.

더알아보기

환율의 오버슈팅(Overshooting) 그래프

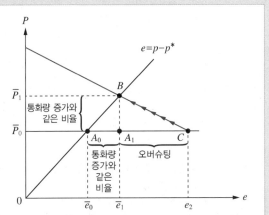

• 가로축은 환율, 세로축은 가격수준을 나타내며 장기에는 구매력평가설이 성립하므로 장기가격수준과 환율과의 관계는 원점을 지나고 기울기가 45도인 직선상에 나타낼 수 있다.

• 최초에 통화량수준 m_0에서 균형을 이루어 장기균형환율과 가격수준이 A_0에서 달성된다고 하자. 만일 초기균형 A_0에서 정부가 통화량을 m_1으로 증가시키면, 통화량증가는 장기적으로 가격수준과 환율을 같은 비율로 상승시키므로 통화량수준 m_1에 대한 새로운 장기균형점은 B가 된다.

• 그러나 가격의 경직성 때문에 단기에 가격이 최초의 균형 $\overline{P_0}$ 수준에 머물러 있다면 통화량증가에 따라 실질통화량이 증가하고 이자율이 낮아지게 된다. 이러한 이자율 하락은 자본유출을 가져와 환율을 더욱 상승시키므로 이때 환율은 장기균형값인 $\overline{e_1}$을 지나쳐 더 큰 e_2수준으로 오버슈트하게 되어 단기균형점은 C점에서 이루어진다.

• 한편 장기적으로는 가격도 상승하면서 새로운 균형점으로 이동하게 된다. 즉 현재의 환율(e_2)이 장기균형환율($\overline{e_1}$)보다 더 높은 수준에 있으므로 경제주체들은 환율하락을 예상하게 되며 이에 따라 자본이 유입된다. 또한 종전보다 하락한 이자율로 인해 총수요가 증가하여 국내물가가 상승하고 실질통화량이 감소하므로 이자율이 상승함에 따라 자본유입이 발생한다. 이러한 두 가지 경로를 통한 자본유입은 환율을 하락시켜 새로운 균형상태 $\overline{e_1}$으로 돌아가게 되는데, 환율은 하락하고 가격이 상승하면서 장기조정은 C점에서 B점으로 이동하는 화살표 방향을 따라 이루어진다.

• 결론적으로 통화량이 증가할 때 환율은 단기적으로는 장기균형환율보다 높은 수준으로 상승하는 오버슈팅 현상을 보이고, 그 후 장기적으로는 서서히 하락하여 장기균형수준으로 이동하게 되는 것이다.

53 ④

☑ 1회독 O △ X ☑ 2회독 O △ X

자본이동이 자유로운 소규모 개방경제가 변동환율제를 채택하고 있다는 가정 하에, 물가가 고정인 단기에서 재정지출의 증가가 경제에 미치는 효과를 그래프로 나타내면 다음과 같다.

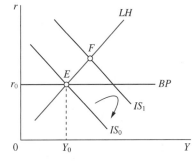

자본이동이 완전히 자유로운 경우에는 BP곡선이 수평선이고, 확대 재정정책의 실시로 IS곡선이 오른쪽으로 이동하면 균형점이 E점에서 F점으로 이동하므로 이자율이 상승한다. 이자율이 상승하면 자본유입이 이루어지게 되는데, 자본이 유입되면 외환의 공급이 증가하므로 환율이 하락한다. 환율이 하락(평가절상)하면 순수출이 감소하므로 IS곡선이 다시 왼쪽으로 이동하여 원래의 균형점 E로 복귀한다. 따라서 변동환율제도 하에서 확대 재정정책을 실시하면 국민소득은 변하지 않고, 환율만 평가절상된다.

정답 및 해설

안심Touch

*BP*곡선
- 정의 : 국제수지균형을 나타내는 이자율과 국민소득의 조합이다.
- 형태 : 우상향의 형태로 자본이동성이 클수록 기울기가 완만하므로 자본이동이 완전히 자유로운 경우에는 수평선, 자본이동이 불가능한 경우에는 수직선의 형태이다.

54 ③

☑ 1회독 ○ △ ✕　☑ 2회독 ○ △ ✕

이자율평가설에 의하면 연간 환율변화율은 양국의 이자율 차이과 같아야 한다. 문제에서 3개월 후의 미래 현물환율에 대해 물어보고 있으므로 3개월 간 한국과 미국의 아자율 차이는 $\dfrac{8\%}{4} - \dfrac{4\%}{4}$ $= 2\% - 1\% = 1\%$가 된다.

따라서 3개월 뒤에 예상되는 현물환율은 $1,200 + (1,200 \times 0.01)$ $= 1,212$원으로 계산된다.

이자율평가설
- 국가 간 자본이동이 완전하고, 세금 및 거래비용 등이 존재하지 않는다고 가정한다.
- 국내투자수익률과 해외투자수익률이 같아질 때까지 자본이동이 이루어지므로 균형에서는 국내외에서의 투자수익률과 동일하다.

$$r = r_f + \frac{\Delta e}{e} \rightarrow \frac{\Delta e}{e} = r - r_f$$

(r : 국내투자수익률, $r_f + \dfrac{\Delta e}{e}$: 해외투자수익률(= 해외이자율 + 환율상승률))

- 자본통제와 같은 제도적 제약이 존재하거나 거래비용으로 인해 국가 간 자본이동성이 완전하지 못하면 이자율평가설이 성립하지 않는다.

재정학(3문항)

55 ④

☑ 1회독 ○ △ ✕　☑ 2회독 ○ △ ✕

독점시장에서는 공급곡선이 존재하지 않는다.

56 ②

☑ 1회독 ○ △ ✕　☑ 2회독 ○ △ ✕

램지원칙이 역탄력성원칙에 비해 일반적인 원칙이다. 램지원칙을 통해 역탄력성원칙이 도출되기 때문이다.

램지(Ramsey)의 최적물품세 이론
- 가정 : X재와 Y재는 서로 독립재(교차탄력성 = 0)이고, 일정한 조세수입을 확보해야 함
- 이론의 방향 : 여가에 대한 과세가 불가능하기 때문에 초과부담의 최소화를 추구했으며, 공평성은 고려하지 않음
- 램지규칙과 역탄력성의 법칙
  - 한계초과부담이 동일해야 함
    즉, 세금 1원을 걷을 때 추가적으로 발생하는 초과부담이 동일해야 함

    계산 : $\dfrac{\triangle X_{\text{세금 전}}}{2X_{\text{세금 후}}}$

  - 소비량 감소비율이 동일해야 함

    램지규칙 : $\dfrac{\triangle X}{X} = \dfrac{\triangle Y}{Y}$

  - 위의 램지규칙을 이용하여 역탄력성의 원칙을 도출함
    해당 재화의 탄력성과 세율은 반비례한다는 역탄력성의 원칙이 도출됨

    역탄력성의 규칙 : $\dfrac{t_Y}{t_X} = \dfrac{\epsilon_X}{\epsilon_Y}$

  - 결국 역탄력성의 원칙에 따라 조세를 부과하면, 사치재에는 낮은 세율이 부과되고 생활필수품에는 높은 세율이 부과되는 역진적인 조세를 부과하는 것이 초과부담의 최소화를 추구하는 최적과세라는 결론에 도달

57 ①

☑ 1회독 ○ △ ✕　☑ 2회독 ○ △ ✕

양당제를 운영하고 있는 국가에서 정치적 성향이 대치되는 두 정당의 선거 공약이 비슷해지는 것과 관련이 있다. 이를 호텔링의 원칙 혹은 최소차별화의 원칙이라고 한다.

중위투표자의 정리(Medianvoter Theorem)
- 정의 : 모든 투표자의 선호가 단봉형(Single-peaked)이면 다수결 투표제도하에서는 항상 중위투표(선호순서대로 투표자를 나열할 때 가운데 위치하는 투표자)가 가장 선호하는 수준의 공공재 공급이 채택된다는 이론
- 특 징
  - 어떤 안건에 선호순서대로 투표자를 나열했을 때, 가운데 위치하는 투표자(중위투표자)의 선호가 투표결과로 나타나는 현상
  - 모든 투표자의 선호가 단봉형일 경우에만 성립
  - 결정된 공공재의 공급량은 최적수준과 일치한다는 보장이 없음
    즉, 공공재의 공급량은 사회적인 최적수준을 초과할 수도 있고, 미달할 수도 있음
  - 중위투표자가 원하는 공급량이 변하지 않는 한, 다른 개인의 공공재 수요가 변하더라도 공공재의 공급량은 변하지 않음

계량경제학(3문항)

58 ③　　　☑1회독 ○△✕　☑2회독 ○△✕

분산팽창계수는 독립변수 사이에서 발생하는 다중공선성으로 인한 분산의 증가를 의미하는데, 일반적으로 k개의 분산팽창계수 중 가장 큰 값이 10 이상이면 다중공선성을 의심해야 한다.

> **더알아보기**
>
> 다중회귀분석
> - 다중회귀분석(Multiple Regression Analysis)은 종속변수에 영향을 미치는 독립변수가 여러 개인 경우에 실시하는 회귀분석이다.
> - 다중회귀분석에서는 2개의 기울기계수를 갖는데, 하나는 X_1 예측변수, 다른 하나는 X_2 예측변수이며 이를 표현한 다중회귀모형과 추정된 회귀방정식은 다음과 같다.
>
> > 다중회귀분석모형 :
> > $$Y_i = \beta_0 + \beta_1 X_{1i} + \beta_2 X_{2i} + \cdots + \beta_k X_{ki} + \epsilon_i$$
> > 추정된 회귀방정식 : $\hat{Y} = a + b_1 X_1 + b_2 X_2$

59 ③　　　☑1회독 ○△✕　☑2회독 ○△✕

표본이 25명으로 소표본에 모분산이 주어지지 않아 모르는 경우이므로 t-분포를 따르는 다음의 검정통계량 공식을 이용하여 문제를 해결한다.

$$t = \frac{\overline{X} - \mu}{\frac{s}{\sqrt{n}}}$$

$n = 25$, $\overline{x} = 22$, $s = 3$, 귀무가설 $H_0 : \mu = 20$, 대립가설 $H_1 : \mu > 20$이므로 각 값을 위 공식에 대입하면,

$$t = \frac{\overline{x} - \mu}{\frac{s}{\sqrt{n}}} = \frac{22 - 20}{\frac{3}{\sqrt{25}}} = \frac{2}{0.6} \coloneqq 3.33$$

임계치 $t_{(0.05,\ n-1)} = t_{(0.05,\ 24)} = 1.711$

단측검정인 우측검정이므로 검정통계량 t값이 임계치보다 크면 귀무가설을 기각한다. 위에서 계산된 t값 3.33은 임계치 1.711보다 크므로 귀무가설을 기각하고 대립가설을 채택한다. 따라서 종업원의 실제 휴식시간은 규정시간 20분보다 더 길다고 할 수 있다.

> **더알아보기**
>
> 단측검정과 양측검정
> - 단측검정 : 대립가설이 어느 특정 모수 이상이거나 이하일 때, 검정하는 것으로 우측검정과 좌측검정으로 구분된다.
>   - 우측검정 : 우측검정은 대립가설이 어느 특정 평균 이상일 때 검정하는 것으로, 유의수준을 α라 하면, 검정통계량 $z > z_\alpha$이면 귀무가설을 기각, $z \leq z_\alpha$이면 귀무가설을 채택한다.
>   - 좌측검정 : 좌측검정은 대립가설이 어느 특정 평균 이하일 때 검정하는 것으로, 유의수준을 α라 하면, 검정통계량 $z < -z_\alpha$이면 귀무가설을 기각, $z \geq -z_\alpha$이면 귀무가설을 채택한다.
> - 양측검정 : 어떤 두 숫자의 비교에서 '같지 않다'라는 의미는 두 숫자 중 하나는 반드시 크거나 작아야 하는데, 이런 경우에 사용하는 것이 양측검정이다. 정규분포는 평균을 중심으로 대칭이기 때문에 양측검정 시 유의수준을 반으로 나누어야 한다. 따라서 검정통계량 $z > z_{\alpha/2}$이거나 $z < -z_{\alpha/2}$이면 귀무가설을 기각하고, $-z_{\alpha/2} \leq z \leq z_{\alpha/2}$이면 귀무가설을 채택한다.

60 ⑤　　　☑1회독 ○△✕　☑2회독 ○△✕

추정회귀직선 $\hat{y} = a + bx$에서 절편 a와 기울기 b를 구하는 공식은 다음과 같다.

$$a = \overline{Y} - b\overline{X}$$
$$b = \frac{\sum(X_i - \overline{X})(Y_i - \overline{Y})}{\sum(X_i - \overline{X})^2} = \frac{\sum X_i Y_i - n\overline{X}\,\overline{Y}}{\sum X_i^2 - n\overline{X}^2} = r\frac{S_y}{S_x} = \frac{S_{XY}}{S_{XX}}$$

($\overline{X}$, $\overline{Y}$: 표본평균, S_x, S_y : 표준편차, S_{XY}, S_{XX} : 표본분산, r : 상관계수)

$$\overline{x} = \frac{6 + 7 + 4 + 2 + 1}{5} = \frac{20}{5} = 4$$
$$\overline{y} = \frac{8 + 10 + 4 + 2 + 1}{5} = \frac{25}{5} = 5$$
$$\sum x_i y_i = 48 + 70 + 16 + 4 + 1 = 139$$
$$\sum x_i^2 = 36 + 49 + 16 + 4 + 1 = 106$$
$$b = \frac{\sum x_i y_i - n\overline{x}\,\overline{y}}{\sum x_i^2 - n\overline{x}^2} = \frac{139 - 5 \times 4 \times 5}{106 - 5 \times 16} = \frac{139 - 100}{106 - 80} = \frac{39}{26}$$
$$= 1.5$$
$$a = \overline{y} - b\overline{x} = 5 - 1.5 \times 4 = 5 - 6 = -1$$

따라서 추정회귀직선 $\hat{y} = a + bx = -1 + 1.5x$

> **더알아보기**
>
> 최소제곱법
> - 실제 y_i 값과 추정된 $\hat{y}_i$ 값과의 차이가 잔차 e_i이며, 이 잔차제곱들의 합을 최소화하는 회귀식을 선택하는 방법이 최소제곱법이다.
> - 잔차제곱합은 다음과 같이 정의된다.
>
> $$\sum e_i^2 = \sum (y_i - \hat{\beta}_0 - \hat{\beta}_1 x_i)^2$$
>
> - 따라서 최소제곱추정값은 다음 조건을 만족시키는 값 $\hat{\beta}_0$와 $\hat{\beta}_1$이다.
>
> $$minimize \sum (y_i - \hat{\beta}_0 - \hat{\beta}_1 x_i)^2$$

제1회 정답 및 해설

01	02	03	04	05	06	07	08	09	10
②	④	⑤	④	⑤	③	③	②	⑤	①
11	12	13	14	15	16	17	18	19	20
②	⑤	③	⑤	③	④	③	③	③	⑤
21	22	23	24	25	26	27	28	29	30
④	②	②	⑤	⑤	④	③	④	③	④
31	32	33	34	35	36	37	38	39	40
①	③	⑤	⑤	②	③	③	④	③	④
41	42	43	44	45	46	47	48	49	50
④	⑤	④	③	④	④	④	④	②	③
51	52	53	54	55	56	57	58	59	60
⑤	④	②	②	③	④	③	④	④	⑤

미시경제학(22문항)

01 ②
☑ 1회독 ○ △ × ☑ 2회독 ○ △ ×

화폐단위로 측정이 불가능한 경우에도 화폐가치로 전환하여 기회비용을 계산하고 분석할 수 있다. 경제학에서 사용하는 비용개념은 기회비용의 개념이다.

> **더알아보기**
>
> 기회비용
> 선택한 대안에 대한 기회비용은 선택하지 않은 다른 대안의 최대의 가치(효용)로 계산된다.

02 ④
☑ 1회독 ○ △ × ☑ 2회독 ○ △ ×

실업의 증가는 생산요소 부존량의 변화를 일으키는 것이 아니므로 생산가능곡선의 이동을 초래하지 않는다. 다만 생산의 비효율이 발생함에 따라 생산가능곡선 내부의 점으로 생산점이 이동하게 된다. 생산가능곡선은 일반적으로 원점에 대하여 오목한데 이는 기회비용의 체증을 의미한다. 기회비용이 불변이면 우하향하는 직선의 형태를 나타내고, 기회비용이 체감하면 원점에 대하여 볼록하다.

> **더알아보기**
>
> 생산가능곡선
> 생산요소의 증가, 기술진보, 경제성장이 발생하면 바깥쪽으로 이동한다. 한 재화를 생산하는 데 있어 생산량이 증가할 경우 다른 재화를 생산하는 데 투입되는 생산요소를 그 재화의 생산에 투입해야 하므로, 나머지 재화의 생산은 급감하게 됨에 따라 생산가능곡선은 일반적으로 원점에 대하여 오목한 형태를 띤다.

03 ⑤
☑ 1회독 ○ △ × ☑ 2회독 ○ △ ×

a, b. 소득이 감소하면 열등재 X의 수요곡선이 우측으로 이동하면서 수요가 증가하고 가격이 상승한다. 따라서 매출액(= 판매량 × 가격)이 증가한다.

c. 소득 감소에 따른 수요곡선의 우측 이동, 기술진보로 인한 공급곡선 우측 이동이 동시에 일어난다. 따라서 균형거래량은 증가하고 가격변화 방향은 알 수 없다.

d. X재의 수요 증가는 대체재인 Y의 수요를 감소시킨다.

04 ④
☑ 1회독 ○ △ × ☑ 2회독 ○ △ ×

수요의 가격탄력성이 1보다 작은 경우, 수요의 가격탄력성은 '비탄력적'이며, 일반적으로 필수재가 이에 속한다. 수요가 비탄력적인 경우 가격이 상승하면 가계의 지출액이 증가하고 기업의 판매수입도 증가한다.

① 수요곡선이 우하향하는 직선의 경우 탄력성은 다음과 같다.

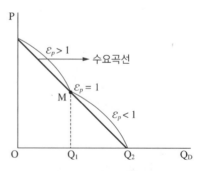

② 수요곡선의 기울기는 수량변화에 대한 가격변화를 의미하므로, 가격탄력성의 의미와 다르다. 수요곡선의 기울기는 $\dfrac{\triangle P}{\triangle Q_D}$

이고, 수요의 가격탄력성은 $-\dfrac{\triangle Q_D}{\triangle P} \times \dfrac{P}{Q_D}$ 로 구한다.

③ 가격탄력성이 클수록 대체재가 많다.
⑤ 완전탄력적인 재화의 수요곡선은 수평선의 형태를 띤다.

더알아보기

• 수요의 가격탄력성(ϵ_p) = $\dfrac{\text{수요량의 변화율(\%)}}{\text{가격의 변화율(\%)}}$

$= -\dfrac{\dfrac{\triangle Q_D}{Q_D}}{\dfrac{\triangle P}{P}} = -\dfrac{\triangle Q_D}{\triangle P} \times \dfrac{P}{Q_D}$

05 ⑤

☑ 1회독 O △ X   ☑ 2회독 O △ X

갑은 소득 변화와 무관하게 주유량이 고정적이므로, 소득탄력성 = 0, 즉 완전비탄력적이다. 을의 주유변화율은 소득변화율과 같으므로 소득탄력성 = 1, 즉 단위탄력적이다.

더알아보기

• 수요의 소득탄력성(ϵ_M) = $\dfrac{\text{수요량의 변화율(\%)}}{\text{소득의 변화율(\%)}}$

$= -\dfrac{\dfrac{\triangle Q_D}{Q_D}}{\dfrac{\triangle M}{M}} = -\dfrac{\triangle Q_D}{\triangle M} \times \dfrac{M}{Q_D}$

• 소득탄력성에 따른 재화의 분류

소득탄력성의 크기	재화의 분류
소득탄력성 < 0	열등재
소득탄력성 = 0	중립재
0 < 소득탄력성 < 1	필수재
소득탄력성 = 1	동조재
1 < 소득탄력성	사치재

06 ③

☑ 1회독 O △ X   ☑ 2회독 O △ X

(i) 균형임금, 균형고용량
    w = -L + 12,000 = L
    2L = 12,000
    L = 6,000, w = 6,000
(ii) 8,000일 때의 고용량
    -L + 12,000 = 8,000
    L = 4,000

(iii) 4,000일 때 노동공급자의 의중임금
    w = L이므로, w = 4,000
(iv) 자중손실(= △BED의 면적)

$(8,000 - 4,000) \times 2,000 \times \dfrac{1}{2} = 4,000,000$

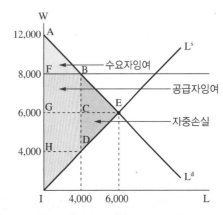

구 분	최저임금 부과 전	최저임금 부과 후
수요자잉여	△AGE	△ABF
공급자잉여	△GEI	□FBDI
사회후생	△IAE	□ABDI
자중손실	–	△BED

07 ③

☑ 1회독 O △ X   ☑ 2회독 O △ X

아래 그림과 같이 가격에 대하여 수요가 완전탄력적일 때에는 조세가 모두 생산자에게 귀착되고 소비자의 부담은 없다.

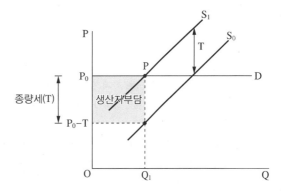

08 ②

무차별곡선이 원점에 대하여 볼록한 이유는 X재 소비가 증가할수록 '동일한 효용수준을 유지하면서 X재 1단위를 추가로 소비하기 위해 포기해야 할 Y재의 양'을 의미하는 한계대체율이 체감하기 때문이다. 일반적으로는 한계대체율이 체감한다.

더알아보기

무차별곡선의 형태
대체관계에 있는 두 재화의 무차별곡선은 우하향하는 직선 형태이며, 보완관계에 있는 두 재화의 무차별곡선은 L자 형태를 나타낸다.

09 ⑤

현시선호이론은 효용의 개념과 무차별곡선을 도입하지 않고 소비자의 소비행위를 분석하는 이론으로, 우하향하는 수요곡선을 도출할 수 있다. 효용의 개념을 사용하지 않으므로 한계효용체감의 법칙은 현시선호이론과 관련이 없다.

10 ①

완전경쟁시장에서 기업은 주어진 시장가격을 수용하는 가격수용자이다. 완전경쟁시장에서 기업들이 생산하는 재화는 동질적인 것으로 대체가 가능하다. 따라서 시장가격보다 높은 가격을 설정하는 기업의 제품은 즉시 수요가 사라지게 되므로 기업은 시장가격을 받아들일 수밖에 없다.

11 ②

한계기술대체율은 등량곡선의 기울기이다. 콥-더글라스 생산함수는 등량곡선이 원점에 볼록하므로 한계기술대체율이 체감한다. 단, 콥-더글라스 생산함수는 대체탄력성이 1로 일정하다는 특징이 있다.

①, ④ 콥-더글라스 생산함수의 형태는 $Q = AL^a K^b$로 표현할 수 있으며, $a+b$차 동차함수를 나타낸다. $a+b=1$일 때 1차 동차함수가 되고 이때 규모에 대한 수익불변이 성립한다.

③ 대체탄력성은 생산요소가격의 변화에 따른 투입 생산요소의 비율이 얼마나 변화하는지를 나타내는 비율로, 대체탄력성이 일정한 경우 '$\frac{w}{r}$'의 변화에 따라 '$\frac{K}{L}$'가 동일한 비율로 변화하므로 생산요소가격(w, r)이 변화해도 요소소득의 분배율은 변화하지 않는다.

12 ⑤

두 개의 공장을 가진 독점기업의 이윤극대화 조건은 $MC_1 = MC_2 = MR$이다. $MC_1 = 2Q_1 + 40$이고 $MC_2 = 8Q_2 + 20$이므로 두 식으로부터 $Q_1 = 4Q_2 - 10$의 관계식을 얻을 수 있다. 이윤극대화 총생산량($Q_1 + Q_2$)이 500이므로 앞에서 구한 관계식으로부터 $Q_1 = 398$, $Q_2 = 102$로 구해진다.

13 ③

각 기업의 반응함수가 주어져 있지 않으므로 완전경쟁시장의 결과로부터 꾸르노 균형생산량을 도출한다. 완전경쟁시장의 이윤극대화조건인 $P = MC$로부터 완전경쟁 생산량은 $Q_D = 120$으로 구해진다. 꾸르노 복점시장에서는 완전경쟁시장 생산량의 $\frac{2}{3}$만큼을 생산하므로 전체 생산량은 80이 되고, 이때 두 기업이 동일한 양을 생산하므로 각 기업은 40씩 생산하게 된다.

14 ⑤

ㄷ. 꾸르노 모형이 수량에 따라 반응을 하는 형태라면 베르뜨랑 모형은 가격에 따라 반응하여 상대기업이 현재 가격을 유지할 것이라는 가정 하에 이윤극대화하는 가격을 결정한다. 꾸르노 모형과 마찬가지로 가격의 추측된 변화(CV)는 0이며 동질적 재화를 가정한다. 균형수준에서 가격은 한계비용과 동일하여 완전경쟁과 동일한 자원배분이 일어난다는 점에서 베르뜨랑의 역설(Bertrand Paradox)로 불리기도 한다.

ㄹ. 과점시장에서의 모형은 재화의 동질성을 가정한다.

15 ③

독점적 경쟁시장의 장기균형은 독점시장에서와 같이 가격이 한계비용을 초과한다.

① 독점시장에서는 장기에도 진입장벽으로 인해 진입이 불가능하다.

② 독점시장에서 단기 균형점에서의 가격은 평균비용보다 일반적으로 높으나, 높지 않을 수도 있어 손실을 볼 수도 있다.

④ 독점적 경쟁시장에서는 장기에 균형점에서의 가격이 평균비용과 같다.

⑤ 과점시장에서는 경쟁이 발생하며 대표적으로 수량경쟁, 가격경쟁모형을 들 수 있다.

16 ④
☑1회독 ○△✕ ☑2회독 ○△✕

기업 B의 전략이 L로 주어져 있을 때, 기업 A가 전략 D를 선택하려면 a가 2보다 큰 값이어야 한다. 또한 기업 A의 전략에 관계없이 기업 B가 전략 L을 선택하려면 b가 2보다 작은 값이어야 한다.

17 ③
☑1회독 ○△✕ ☑2회독 ○△✕

①, ②, ③ 대체효과와 소득효과는 보기 ①, ②와 같다. 그러나 두 효과 중 어느 것이 더 압도(dominate)하는가에 따라 노동공급량은 증가할 수도, 감소할 수도 있다. 개인의 후방굴절 노동공급곡선에서 나타나는 것은 어떤 임금수준 이상에서는 소득효과가 대체효과를 압도하여 노동량을 감소시키기 때문이다.

④ 경제활동인구, 이민자 등의 증가는 노동공급곡선을 오른쪽으로 이동시킨다.

⑤ 여가의 기회비용은 임금이므로 임금이 상승하면 여가의 기회비용이 상승하게 된다.

18 ③
☑1회독 ○△✕ ☑2회독 ○△✕

근로소득세 인하는 임금상승 효과를 가져온다. 이에 따라 '여가의 기회비용이 상승하여 여가 소비가 감소하는 대체효과'와 '소득이 증가하여 여가 소비가 증가하는 소득효과'가 일어나고, 결과적으로 가격효과의 방향은 대체효과와 소득효과의 상대적 크기에 따라 결정된다.

19 ③
☑1회독 ○△✕ ☑2회독 ○△✕

서로 다른 로렌츠곡선은 교차할 수 있다.

더 알아보기

로렌츠 곡선

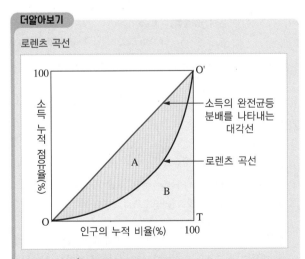

- 대각선 OO' : 완전균등선
- A면적이 클수록 불평등함을 의미한다.
- 지니계수= $\dfrac{A의\ 면적}{\triangle OO'T의\ 면적}$

20 ⑤
☑1회독 ○△✕ ☑2회독 ○△✕

로렌츠곡선은 대각선에 가까울수록 소득분배가 평등하다는 것을 의미한다.

지니계수란 로렌츠곡선이 나타내는 소득분배 상태를 하나의 숫자로 나타낸 것을 말한다. 지니계수는 0과 1 사이의 값을 가지며, 그 값이 작을수록 소득분배가 균등함을 의미한다.

① B국이 A국보다 지니계수의 값이 작으므로 소득분배가 상대적으로 평등하다.

② 지니계수의 값이 가장 작은 B국이 가장 평등하다고 할 수 있다.

③ 지니계수만으로는 로렌츠곡선의 교차 여부를 알 수 없다.

④ 지니계수의 값이 가장 큰 C국이 완전불평등선에 가장 가깝다.

21 ④
☑1회독 ○△✕ ☑2회독 ○△✕

파레토 최적에서 파레토효율이 달성되지만 경제의 효율을 의미할 뿐 소득분배와는 직접적 관련이 없기 때문에 사회후생의 극대화 상태라고는 할 수 없다. 파레토효율을 달성하는 상태 중 소득분배에 대한 사회의 가치판단에 따라 사회후생이 극대화되는 상태를 선택하여 사회후생의 극대화 상태를 결정한다.

더 알아보기

파레토효율성
교환의 효율조건, 생산의 효율조건, 생산물구성의 효율조건, 종합적 효율조건이 만족되는 경우 달성된다.
- 한계대체율(MRS_{XY}) : 동일한 효용 하에서 X재 한 단위를 추가로 소비하기 위해 포기해야 하는 Y재의 양
- 한계기술대체율($MRTS_{LK}$) : 동일한 생산량 하에서 L 한 단위를 추가로 투입할 때 감소시켜야 하는 K의 투입량
- 한계전환율(MRT_{XY}) : 주어진 자원과 생산기술 하에서 최대한 생산할 때 X재 한 단위를 추가로 생산하기 위하여 포기해야 하는 Y재의 양
- 교환의 효율조건 : $MRS_{XY}^{A} = MRS_{XY}^{B}$
- 생산의 효율조건 : $MRTS_{LK}^{X} = MRTS_{LK}^{Y}$
- 생산물구성의 효율조건 : $MRT_{XY} = MRS_{XY}$
- 종합적 효율조건 : $MRS_{XY}^{A} = MRS_{XY}^{B} = MRT_{XY}$

22 ②
☑1회독 ○△✕ ☑2회독 ○△✕

정부의 시장개입은 시장실패가 발생함에 따라 시장실패를 교정하기 위한 것으로 시장실패의 발생요인이 아니다.

① 불완전경쟁으로 사회후생의 손실이 발생한다.

③ 외부성의 존재는 과소생산 또는 과소소비가 발생하는 원인이 된다.

④ 불확실성을 해결할 수 있는 완벽한 보험이 존재하지 않으므로 자원배분의 비효율성이 초래된다.

⑤ 역선택, 도덕적 해이 등과 같은 문제가 발생한다.

거시경제학(22문항)

23 ②
☑ 1회독 ○△× ☑ 2회독 ○△×

새로 건설된 주택의 구입은 투자 항목에 포함된다. GDP의 구성 항목 중 투자는 자본 장비, 재고품, 건축물 구입의 합으로 건축물 구입에는 신규주택의 구입을 포함하며, 소비는 내구재, 비내구재 등의 재화와 서비스에 대한 지출을 의미한다.

더알아보기

국내총생산(GDP) 항목

구 분	항 목
소 비	• 자동차, 가전제품 등 내구재 구매 • 음식, 옷 등 비내구재 구매 • 자가소비
투 자	• 자본 장비, 재고품, 건축물 구입(신규주택구입 포함) • 자사 재고분 구입
정부지출	• 중앙정부 및 지방정부에 의한 재화와 서비스의 구입 • 공무원 급여, 공공사업 지출(제외항목)
순수출	• 수출－수입

24 ⑤
☑ 1회독 ○△× ☑ 2회독 ○△×

2018년 GDP디플레이터 $= \dfrac{1,200}{1,000} \times 100 = 120$, 2019년 GDP디플레이터 $= \dfrac{1,320}{1,100} \times 100 = 120$이므로 GDP디플레이터는 불변이다.

더알아보기

$$GDP디플레이터 = \dfrac{명목GDP}{실질GDP} \times 100$$

25 ⑤
☑ 1회독 ○△× ☑ 2회독 ○△×

균형국민소득 결정식 $Y = C + I + G$로부터 $Y = 800 + 0.9Y + 600 + 300$이므로 이를 정리하면 $0.1Y = 1,700$을 구할 수 있다. 따라서 균형국민소득은 17,000이 된다.

26 ④
☑ 1회독 ○△× ☑ 2회독 ○△×

균형국민소득 결정식 $Y = C + I + G$로부터 $5,000 = 100 + 0.8(5,000 - 300) + 1,000 - 50r + 300$이 성립하고 이를 정리하면 $50r = 160$, $r = 3.2$를 구할 수 있다.

27 ③
☑ 1회독 ○△× ☑ 2회독 ○△×

항상소득가설에서는 일시적 소득인 임시소득이 아닌 항상소득에 의해서만 소비가 결정되므로 일시적 감세는 소비에 영향을 미치지 않는다.

더알아보기

소비이론

학 자	이 론	내 용
케인즈	절대소득가설	• 소비는 현재의 가처분소득에 의해 결정 • $0 < $ 한계소비성향(MPC) < 1 • 소득이 증가할수록 평균소비성향(APC) 감소
듀젠베리	상대소득가설	• 소비는 상대소득에 의해 결정 • 소비의 상호의존성(전시효과)과 소비의 비가역성(톱니효과)에 의해 소비를 설명
프리드만	항상소득가설	• 소비는 장기소득의 기대치인 항상소득에 의해서만 결정 • 임시소득은 소비에 쓰이지 않고 저축됨
모딜리아니	생애주기가설	• 일생동안 얻을 것으로 예상되는 생애소득으로 소비와 저축이 결정됨 • 청년기에는 소득수준이 낮으므로 높은 APC를, 중장년기에는 소득수준이 높으므로 낮은 APC를, 노년기에는 소득수준이 낮으므로 높은 APC를 가짐 • 소비평탄화 지지 • 단기재정정책의 무력성을 시사
피 셔	기간 간 소비선택모형	• 1기 소비는 1기와 2기 소득에 의해 결정 • 소비는 이자율에 의해서도 영향 받음 • 소비는 전반적인 소득수준에 결정 • 소비평탄화 제시

28 ④
☑ 1회독 ○△× ☑ 2회독 ○△×

직장에서의 승진으로 항상소득인 임금이 상승하므로 소비가 증가한다.
① 임시소득과 항상소득 간에는 아무 관계가 없다.
② 소비는 항상소득의 영향을 받으므로 임시소득은 소비에 영향을 미치지 않는다.
③ 임시소득이 감소해도 소비는 별로 감소하지 않는다. 이는 저축이 대폭 감소하였음을 의미하므로 임시소득 변화는 저축률에 큰 영향을 미친다.
⑤ 임시소득이므로 대부분 저축된다(항상소득 APC > 임시소득 APC). 반면 승진을 하는 경우에는 항상소득이 증가한다고 볼 수 있으므로 소비 증가로 이어진다.

29 ③

☑ 1회독 ○ △ × ☑ 2회독 ○ △ ×

기간 간 소비선택모형에서 이자율 상승에 따라 소득효과와 대체효과가 발생하는데 두 효과는 저축자의 미래소비를 모두 증가시킨다.

① 절대소득가설에 따르면 평균소비성향이 한계소비성향보다 항상 크다. 그러나 쿠즈네츠의 실증분석 결과 단기에는 성립하지만 장기적으로는 평균소비성향과 한계소비성향이 일치함이 발견되었다.

② 기간 간 소비선택모형은 피셔(Fisher)가 제시한 것으로 평생예산의 제약 하에 평생효용을 극대화하는 최적소비점이 결정되며 평생효용을 극대화하는 기간별 최적소비를 한다고 주장한다.

④ 생애주기가설에 따르면 소비는 전 생애에 걸친 평생소득의 영향을 받으므로 일시적 조세인하에 의한 소득변화는 소비에 영향을 미치지 못한다.

⑤ 항상소득가설에 따르면 장기에 평균소비성향은 한계소비성향과 일치한다.

> **더알아보기**
>
> **기간 간 선택모형에서의 이자율 상승**
>
> 기간 간 선택모형에서 이자율 상승은 소득효과와 대체효과를 발생시킨다. 이자율 상승에 따른 소득효과는 소비자가 현재 저축자인 경우, 이자율 상승이 곧 이자수익의 증가를 의미하므로 소득증가에 따라 현재소비와 미래소비가 모두 증가하게 된다. 그러나 현재 차입을 하고 있는 사람에게는 이자율 상승이 곧 이자비용의 증가를 의미하므로 소득감소에 따라 현재소비와 미래소비가 모두 감소하게 된다. 반면 이자율 상승은 현재소비의 기회비용 상승을 의미하므로 기간 간 대체효과에 의해 소비자는 현재소비를 줄이고 미래소비를 늘리게 된다. 이때 대체효과는 현재 소비자가 저축자인지 차입자인지에 관계없이 항상 현재소비를 줄이고 미래소비를 증가시킨다.

30 ③

☑ 1회독 ○ △ × ☑ 2회독 ○ △ ×

리카도 대등정리는 정부가 일정한 재정지출 수준을 유지할 때 재정지출의 재원을 조세징수로 마련하든 국채를 발행하여 마련하든 소비와 이자율에 아무런 영향을 미치지 못한다는 내용이다. 경제주체가 합리적이며 미래지향적임을 가정하므로 소비이론 중 절대소득가설보다는 항상소득가설이나 생애주기가설에 기초를 두고 있다. 2기간 모형에서 정부가 1기에 조세징수가 아닌 국채를 발행할 경우 소비자는 저축을 증가시켜 2기에 발생할 조세 증가에 대비한다. 따라서 재원조달의 변경은 저축에만 영향을 미치고 소비에는 영향을 미치지 못하며 실질이자율에도 영향을 미치지 않는다.

> **더알아보기**
>
> **리카도 대등정리 성립을 위한 전제조건**
> • 차입과 저축이 자유롭고 차입이자율이 저축이자율과 동일하다.
> • 조세를 부담하는 인구의 증가율이 0%이다.
> • 소비자는 합리적이고 미래지향적이다.
> • 정부지출수준이 일정하고 정부는 균형재정을 달성한다.

31 ①

☑ 1회독 ○ △ × ☑ 2회독 ○ △ ×

신규주택 매입은 가계가 새로 건설한 주거용 건물을 구입하는 것이므로 주거용 건물에 대한 투자로 집계되지만, 공장부지 매입은 기존의 부동산을 매입하는 것이므로 투자에 포함되지 않는다.

> **더알아보기**
>
> **국민소득계정상 투자 항목**
> • 자본장비, 재고품, 신규주택 구입 포함
> • 자사 재고분 구입

32 ③

☑ 1회독 ○ △ × ☑ 2회독 ○ △ ×

③, ④ q값이 1과 같아질 때 보유할 최적의 자본량이 도출된다. 토빈의 q는 자본의 시장가치를 자본의 대체비용(새로운 자본의 구입비용)으로 나눈 비율로 정의하였다. q값이 1보다 크다는 것은 보유자본의 가치가 대체비용보다 크다는 것을 의미하므로 추가적인 자본의 구입(투자) 유인이 발생한다. 반면 1보다 작을 때는 자본을 감소시킬 유인이 발생하게 된다. 따라서 q값이 1과 같아질 때 보유할 최적의 자본량이 도출된다.

33 ⑤

☑ 1회독 ○ △ × ☑ 2회독 ○ △ ×

④, ⑤ 프리드먼(Friedman)은 화폐를 자산의 형태로 인정하고 화폐수요는 여러 가지 자산의 수익률에 의해 결정되는데, 대체자산의 기대수익률에 대해 민감한 반응을 보이지 않기 때문에 화폐수요는 항상소득에 의해 결정된다고 보았다.

① 프리드먼(Friedman)의 신화폐수량설에 따르면 유통속도가 이자율과 예상물가상승률의 영향을 받지만 매우 안정적이라고 본다.

② 피셔의 교환방정식 $MV = PY$에 따르면 화폐수요는 오직 명목소득에 의해 결정된다(M = 통화량, V = 화폐유통속도, P = 물가, Y = 실질국민총생산).

③ 현금잔고수량설에서 개인들은 명목소득의 일정비율(k)만큼 화폐를 보유하려고 한다.

정답 및 해설

화폐수요이론의 발달과정

구 분	전통적 화폐수요 이론		현대적 화폐수요 이론
고전학파 계통	고전적 화폐수량설 (Fisher) →	현금잔고 방정식 (Marshall) →	신화폐수량설 (Friedman)
케인즈 학파 계통	유동설 선호설 (Keynes)		재고이론 (Baumol) / 자산선택이론 (Tobin)

34 ⑤
☑ 1회독 ○ △ X ☑ 2회독 ○ △ X

③, ④, ⑤ 투기적 동기 측면에서는 이자율 상승이 화폐보유의 기회비용 상승을 의미하므로 이자율이 상승하면 채권을 매입하여 화폐수요를 줄인다. 한편, '이자율 상승'과 '이자율 상승 예상'은 구별하여 이해해야 한다. 이자율 상승(채권가격 하락)이 예상되면 이자율 상승 시의 채권 매입을 위해 화폐 수요를 늘리고 채권 수요를 줄인다.

① 거래적 동기는 계획된 거래를 하기 위해 화폐를 보유하고자 하는 것으로 소득이 높을수록 계획된 지출이 크기 때문에 화폐수요가 증가한다.

② 예비적 동기는 예상되지 않은 지출에 대비하기 위해 화폐를 보유하고자 하는 것으로 소득이 높을수록 예비적 화폐수요가 증가한다.

35 ②
☑ 1회독 ○ △ X ☑ 2회독 ○ △ X

협의의 통화($M1$)에는 민간보유 현금, 요구불예금, 수시입출가능한 저축예금이 해당되며, 협의의 통화와 기간부 적금, 양도성 예금증서, 환매조건부 채권, 어음 등은 광의의 통화($M2$)에 포함된다.

통화지표의 분류

구 분	내 용
협의의 통화($M1$)	현금통화(민간보유 현금) + 요구불예금 + 수시입출식 저축성 예금
광의의 통화($M2$)	$M1$ + 기간물 예·적금 및 부금 + 실적배당형 금융상품(금전신탁, 수익증권 등) + 시장형 금융상품(CD, RP, 표지어음 등) + 거주자 외화예금 + 금융채 + 기타(종금사 발행어음, 투신증권저축 등)

36 ③
☑ 1회독 ○ △ X ☑ 2회독 ○ △ X

비례세율이 작을수록 IS곡선의 기울기가 완만(탄력적)해진다. IS곡선의 기울기는 $-\dfrac{1-c(1-t)+m}{b}$ 이기 때문이다.

IS곡선

- **IS곡선 기울기 결정요인**
  - 투자의 이자율탄력성(b)이 클수록 IS곡선은 완만하다.
  - 한계소비성향(c)이 클수록 IS곡선은 완만하다.
  - 한계저축성향(s)이 클수록 IS곡선은 가파르다.
  - 세율(t)이 높을수록 IS곡선이 가파르다.
  - 한계수입성향(m)이 클수록 IS곡선이 가파르다.
- **IS곡선 이동요인**
  - 소비, 투자, 정부지출, 수출이 증가할 때 IS곡선은 우측으로 수평이동한다.
  - 조세, 수입, 저축이 증가할 때 IS곡선은 좌측으로 수평이동한다.

37 ③
☑ 1회독 ○ △ X ☑ 2회독 ○ △ X

투자의 이자율탄력성이 클 때 IS곡선이 수평에 가까워져 재정정책의 효과가 없게 된다.

IS - LM모형을 통한 정책비교

구 분	IS	LM
재정정책이 효과가 없을 때	수 평 • 한계소비성향이 클 때 • 투자의 이자율탄력성이 클 때	수 직 • 화폐수요의 소득탄력성이 클 때 • 화폐수요의 이자율탄력성이 작을 때
금융정책이 효과가 없을 때	수 직 • 한계소비성향이 작을 때 • 투자의 이자율탄력성이 작을 때	수 평 • 화폐수요의 소득탄력성이 작을 때 • 화폐수요의 이자율탄력성이 클 때

38 ④
☑ 1회독 ○ △ X ☑ 2회독 ○ △ X

IS, LM곡선을 우측으로 이동시키는 요인은 결국 총수요곡선을 우측으로 이동시키는 결과로 귀결된다.

총수요곡선의 기울기
투자가 이자율에 민감할수록, 화폐수요가 소득변화에 민감할수록 총수요곡선은 완만해지며, 화폐수요가 이자율에 민감할수록 총수요곡선은 가팔라진다. 또한 실질자산가치와 실질환율이 물가변화에 민감할수록 총수요곡선은 완만해진다.

39 ③ 　☑ 1회독 ○ △ × 　☑ 2회독 ○ △ ×

구직단념자가 증가하면 고용률에는 변화가 없다. 구직단념자는 경제활동인구에 속하는 실업자였다가 구직을 포기한 비경제활동인구이므로 구직단념자의 증가는 생산가능인구 내에서의 변화일 뿐 생산가능인구 자체가 변한 것이 아니기 때문이다.

① 취업자의 감소는 경제활동인구의 감소로 나타나 실업률이 상승한다.

② 실업자의 증가는 실업률 상승으로 나타난다.

④ 구직단념자의 증가는 실업률의 하락으로 나타난다. 구직단념자는 실업자였다가 취업의사를 포기한 자이므로 실업자에서 비경제활동인구로 분류가 바뀐다.

이때 실업률 $= \dfrac{\text{실업자}}{(\text{취업자 + 실업자})} \times 100(\%)$ 이므로 분자가 분

모보다 더 크게 감소하여 실업률이 하락하게 된다.

⑤ 생산가능인구의 감소는 고용률 상승으로 나타난다.

더알아보기

- 인구의 분류

총인구	생산가능인구	경제활동인구	취업자
			실업자
		비경제활동인구	–
	생산불가능인구	–	

- 실업 : 일할 의사와 능력을 가졌으나 일자리를 갖지 못한 상태
- 취업자 : 경제활동인구 중 실제로 취업한 자로, 매월 15일이 속한 1주일 동안 수입을 목적으로 1시간 이상 일한 자
- 실업자 : 경제활동인구 중 취업자가 아닌 자로, 조사대상 주간을 포함한 지난 4주간 적극적으로 구직활동을 하였지만, 매월 15일이 속한 1주일 동안 수입을 목적으로 한 시간 이상 일하지 못한 자로서 일자리가 주어지면 즉시 취업이 가능한 자
- 생산가능인구(15세 이상) = 경제활동인구 + 비경제활동인구
- 경제활동인구(일할 의사와 능력을 가진 인구) = 실업자 + 취업자
- 경제활동참가율(%) $= \dfrac{\text{경제활동인구}}{\text{생산가능인구}} \times 100(\%)$

$\quad\quad = \dfrac{\text{경제활동인구}}{\text{경제활동인구 + 비경제활동인구}} \times 100(\%)$

- 실업률(%) $= \dfrac{\text{실업자}}{\text{경제활동인구}} \times 100(\%)$

$\quad\quad = \dfrac{\text{실업자}}{(\text{취업자 + 실업자})} \times 100(\%)$

- 고용률(%) $= \dfrac{\text{취업자}}{\text{생산가능인구}} \times 100(\%)$

$\quad\quad = \dfrac{\text{취업자}}{\text{경제활동인구 + 비경제활동인구}} \times 100(\%)$

40 ④ 　☑ 1회독 ○ △ × 　☑ 2회독 ○ △ ×

생산자물가가 먼저 오르면 생산자가 생산자물가의 상승분을 상품가격에 반영하여 소비자물가까지 파급되는 데는 시차가 존재한다.

① GDP 디플레이터는 비교연도 거래량을 가중치로 산출되는 파세지수이다.

②, ⑤ 소비자물가지수와 생산자물가지수는 기준연도 거래량을 가중치로 산출되는 라스파이레스지수이다.

③ GDP 디플레이터는 국내의 모든 물품 가격만 반영한다. 해외 물품 가격은 반영되지 않는다.

더알아보기

- 소비자물가지수
  - 가계의 소비활동에 필요한 재화 및 서비스의 가격 변동을 측정하기 위한 물가지수로 주요 도시가계가 소비하는 대표적 소비재를 대상품목으로 하여 산정된다.
  - 기준연도 거래량을 기준으로 산출하며, 라스파이레스지수에 해당한다.
- 생산자물가지수
  - 기업 간 거래되는 모든 재화 및 서비스의 가격변동을 측정하기 위한 물가지수로, 국내에서 생산된 상품과 기업서비스로서 국내의 1차 거래단계에서 거래되는 원자재 및 자본재를 대상품목으로 하여 산정된다.
  - 기준연도 거래량을 기준으로 산출하며, 라스파이레스지수에 해당한다.
- 각 물가지수별 수입품 포함 여부
  소비자물가지수에는 해외 물품과 서비스 가격이 반영되지만, 생산자물가지수와 GDP 디플레이터에는 해외 물품과 서비스 가격이 반영되지 않는다.

41 ④　☑1회독 ○△✕　☑2회독 ○△✕

총수요곡선이 오른쪽으로 이동하면서 물가수준과 국민소득이 증가하는 것으로부터 인플레이션과 실업 간의 상충관계를 나타내는 필립스곡선이 도출된다. 즉 총수요곡선의 이동은 필립스곡선상의 점의 이동으로 나타나는 것이다.

더알아보기

필립스곡선의 도출

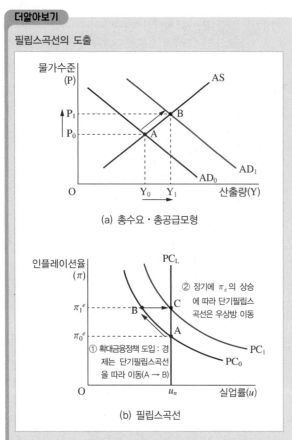

(a) 총수요 · 총공급모형

(b) 필립스곡선

- 총수요 · 총공급모형에서 수요충격에 따라 총수요곡선이 우상방으로 이동하면 산출량(Y)과 물가수준(P) 모두 상승한다.
- 필립스곡선의 도출
  Y의 증가 → 실업률(u) 하락, 물가(P) 상승 → 인플레이션율(π) 상승. 이에 따라 필립스곡선상의 점 A에서 점 B로 이동함을 알 수 있다. 즉 우하향하는 필립스곡선을 도출할 수 있다. 한편 일반적인 필립스곡선은 원점에 대하여 볼록한 형태로 나타난다.
  장기에는 경제주체들이 인플레이션을 예상하므로 자연실업률 수준에서 수직선으로 나타난다.
- 필립스곡선식
  - 필립스곡선식 : $\pi = -\alpha(u - u_N)$
    ($\pi > 0$, u : 실제실업률, u_N : 자연실업률, α : 경기순환적 실업에 대한 인플레이션의 반응)
  - 기대부가 필립스곡선식 : $\pi = \pi^e - \alpha(u - u_N)$
    (π : 인플레이션, π^e : 기대인플레이션, u : 실제실업률, u_N : 자연실업률, $u - u_N$: 경기순환적 실업, α : 경기순환적 실업에 대한 인플레이션의 반응)

42 ⑤　☑1회독 ○△✕　☑2회독 ○△✕

ㄷ. 실물부문의 충격이 노동의 공급과 수요의 변화를 일으켜 결과적으로 국민소득과 이자율에 영향을 미친다.

ㄹ. 물가의 신축적 변화를 반영한다.

ㄱ. 실물적 경기변동이론은 화폐의 중립성을 가정하므로 통화량 변화는 실물시장에 영향을 미치지 않는다.

ㄴ. 노동수요 증가 시 고용증가가 커서 경기변동에 큰 효력을 가져올 수 있기 때문에 시장 전체의 노동공급이 실질임금에 대해 탄력적임을 강조한다.

43 ④　☑1회독 ○△✕　☑2회독 ○△✕

균제상태에서 인구증가율의 상승은 1인당 소득을 감소시킨다.

더알아보기

균제상태(Steady State, 정상상태)
경제성장률 = 인구증가율 = 자본증가율

44 ③　☑1회독 ○△✕　☑2회독 ○△✕

고전학파는 물가가 항상 신축적으로 변한다고 보았으며, 오직 화폐에 의한 것으로 화폐의 중립성을 주장하였다. 케인즈학파는 물가 등 가격변수는 단기에 경직적이라 화폐의 중립성이 성립하지 않고 장기에는 조정이 이루어진다고 보아 화폐의 중립성이 성립하는 것으로 보았다.

더알아보기

고전학파와 케인즈학파 경제관 비교

구 분	고전학파	케인즈학파
이자율의 결정	대부자금시장	화폐시장
국민소득의 결정	총공급	총수요(와 총공급)
물 가	신축적	단기에 경직적 장기에 신축적
고 용	완전고용상태	실업 존재
화폐의 중립성	장단기 모두 성립	장기에만 성립

국제경제학(10문항)

45 ④ ☑1회독 ○△✕ ☑2회독 ○△✕

③, ④ 자동차 1단위 생산의 기회비용은 A국이 와인 $\frac{1}{3}$ 단위이고

B국은 와인 $\frac{1}{2}$ 단위이므로 자동차 생산에는 A국이 비교우위가

있다.

① 자동차 1단위 생산에 A국이 더 적은 노동이 투입되므로 A국에
절대우위가 있다.

② 와인 1단위 생산에 B국이 더 적은 노동이 투입되므로 B국에 절
대우위가 있다.

⑤ $\frac{1}{3} < \frac{3}{7} < \frac{1}{2}$ 이므로 무역이 발생하며, 이때 A국은 자동차

에 특화하여 수출하고 B국은 와인에 특화하여 수출한다.

46 ④ ☑1회독 ○△✕ ☑2회독 ○△✕

리카도 모형에서는 비교우위가 있는 재화에 특화하여 무역을 하는
것이 양국 모두에게 이익이 된다고 본다. 이때 교역조건은 한 재화
의 생산에 따른 각국의 기회비용 사이에 재화의 상대가격이 존재
하는 것이다.

①, ⑤ A국이 상대적으로 컴퓨터에 생산성이 높으므로 컴퓨터에
비교우위가 존재한다.

② 리카도 모형에서는 모든 재화에 있어 한 국가가 모두 비교우위
에 있거나 비교열위에 있을 수는 없다.

③ A국이 컴퓨터와 의복 모두에 대하여 절대우위를 갖는다.

47 ④ ☑1회독 ○△✕ ☑2회독 ○△✕

헥셔-올린 모형은 요소가 이동하지 않는다는 가정 하에 국가 간
요소부존도의 차이로 요소의 상대가격 차이가 발생하고 이에 따라
비교우위가 발생하여 무역을 통해 양국 모두에게 이익이 된다는
이론이다.

> **더알아보기**
>
> 국제무역이론
> - **요소가격균등화 정리**
>   자유무역이 이루어지면 양국의 재화 가격뿐만 아니라 생산요소 가
>   격 또한 절대적·상대적으로 같아진다는 것이다. 이는 국제무역이
>   간접적으로 생산요소를 교환하는 것과 동일한 효과를 갖는다는 것
>   을 의미한다.
> - **스톨퍼-사무엘슨 정리**
>   무역으로 인한 계층 간 실질소득의 분배와 관련된 이론으로, 한 재
>   화의 상대가격이 상승하면 그 재화에 집약적으로 사용되는 생산요
>   소의 실질소득은 절대적·상대적으로 증가하고, 다른 생산요소의
>   실질소득은 절대적·상대적으로 감소한다는 정리이다.

> - **립진스키 정리**
>   무역과 경제성장에 관련된 이론으로, 한 생산요소의 부존량이 증가
>   하면 그 생산요소를 집약적으로 사용하는 재화의 생산량은 증가하
>   고 다른 재화의 생산량은 감소한다는 정리이다.

48 ④ ☑1회독 ○△✕ ☑2회독 ○△✕

③, ④ 정부의 관세수입이 단위당 세액과 수입량을 곱한 금액만큼
발생하는데 이때 소비자잉여의 감소분이 크기 때문에 사회후
생 전체에 대한 손실이 발생한다.

①, ② 소국개방경제인 경우 관세부과로 인하여 생산자잉여는 증
가하고 소비자잉여는 감소한다.

⑤ 수출가격과 수입가격에 변화가 없으므로 교역조건의 변동은
발생하지 않는다.

> **더알아보기**
>
> 소국에서의 관세부과 효과
>
>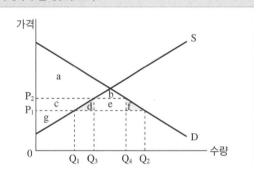
>
> - 관세 부과에 따라 가격이 관세만큼 상승 : $P_1 \rightarrow P_2$
> - 수입 감소 : $Q_1 Q_2 \rightarrow Q_3 Q_4$
> - 국내기업 공급량 증가 : $0Q_1 \rightarrow 0Q_3$
> - 가격상승으로 인한 수요량 감소 : $0Q_2 \rightarrow 0Q_4$
>
> | 구 분 | 관세부과 전 | 관세부과 후 |
> |---|---|---|
> | 소비자잉여 | a + b + c + d + e + f | a + b |
> | 생산자잉여 | g | c + g |
> | 정부수입 | 0 | e |
> | 총잉여 | a + b + c + d + e + f + g | a + b + c + e + g |

49 ② ☑1회독 ○△✕ ☑2회독 ○△✕

반덤핑관세란 수출국의 기업이 시장점유율 확대를 목적으로 부당
하게 낮은 가격으로 수출하여 수입국의 산업이 피해를 보았을 때
수입국 정부가 정상가격과 부당 염가가격의 차액만큼 관세를 부과
하는 것을 말한다.

더알아보기

관세장벽의 종류

구 분	내 용
할당관세	국내산업 지원을 위해 국내에서 생산되지 않는 기초원자재 등 특정 수입품에 부과되는 관세로서, 정부가 정한 일정수입량까지는 저율의 관세를 부과하고 이를 초과해 수입하는 물품에는 고율의 관세를 부과
보복관세	자국의 무역이익이 침해될 때 해당 외국으로부터 수입되는 물품에 대해 보복적으로 부과하는 관세
긴급관세	자국의 산업이 피해를 볼 우려가 확인되고 자국 산업을 보호하기 위하여 필요범위 내에서 관세를 추가하여 부과하는 관세
상계관세	외국에서 생산 또는 수출에 대해 직간접적으로 보조금을 받은 물품의 수입으로 피해가 우려될 때, 해당 수입품에 보조금 등 금액 이하로 추가적으로 부과하는 관세

50 ③

✅ 1회독 ○ △ X ✅ 2회독 ○ △ X

실질환율이 일정하므로 $0 = \dot{e} + \dot{P}_f - \dot{P}$, 즉 $\dot{e} = \dot{P} - \dot{P}_f$

∴ 명목환율의 변화율 = 한국의 인플레이션율 − 미국의 인플레이션율

미국의 인플레이션율이 더 높아졌으므로 명목환율은 하락한다.

④ 하락 후의 변화는 예측할 수 없다.

더알아보기

- 실질환율 : $q = \dfrac{eP_f}{P}$

  (P_f = 외국물가수준, P = 국내물가수준, e = 명목환율)

- 실질환율 변화율 : $\dot{q} = \dot{e} + \dot{P}_f - \dot{P}$

  ($\dot{q} = \dfrac{dq}{q}$, $\dot{e} = \dfrac{de}{e}$, $\dot{P}_f = \dfrac{dP_f}{P_f}$, $\dot{P} = \dfrac{dP}{P}$)

51 ⑤

✅ 1회독 ○ △ X ✅ 2회독 ○ △ X

원/달러 환율이 상승하면 달러화표시 수출품가격이 하락하여 수출이 증가하고, 원화표시 수입품가격이 상승하여 수입이 감소한다.

52 ④

✅ 1회독 ○ △ X ✅ 2회독 ○ △ X

원화의 달러화 대비 평가절하 발생은 환율의 상승을 의미한다. 국내물가가 하락하면 수출이 증가하고 수입이 감소하므로 환율이 하락한다.

① 미국 기준금리가 한국의 기준금리보다 높아지면 해외자본 유출이 발생하므로 외환수요가 증가하여 환율이 상승한다.

② 미국의 국채이자율 상승은 해외자본 유출을 발생시키므로 외환수요가 증가하여 환율이 상승한다.

③ 미국인의 가처분소득이 감소하면 수출이 감소하므로 환율이 상승한다.

⑤ 미국 스마트폰에 대한 국내수요가 증가하면 수입이 증가하므로 환율이 상승한다.

53 ②

✅ 1회독 ○ △ X ✅ 2회독 ○ △ X

국제수지 흑자가 발생하면 외환의 초과공급이 발생하여 환율하락 압력이 생기므로 환율 유지를 위해 외환을 매입해야 한다. 이때 통화량은 증가한다.

① 국제수지 적자가 발생하면 외환의 초과수요가 발생하여 환율 상승 압력이 생기므로 환율 유지를 위해 외환을 매각하게 된다. 외환매각에 따라 원화공급이 감소하므로 통화량이 감소한다.

③ 변동환율제도는 외환시장 청산에 따른 국제수지의 균형을 이루게 하므로 불안정성을 완화하는 역할을 하게 된다.

④ 고정환율제도에서는 환율 유지를 위해 중앙은행이 외환시장에 개입하여 외환의 매각 또는 매입을 하게 되므로 통화량 감소 또는 증가의 변화를 발생시킨다.

⑤ 우리나라는 변동환율제도를 채택하고 있다.

더알아보기

고정환율제도
중앙은행 등의 개입을 통해 환율을 일정한 수준으로 고정시키는 제도로, 환율이 안정적이어서 국제무역이 촉진된다는 장점이 있는 반면, 외국으로부터의 충격이 국내경제에 파급되기 쉽다는 단점이 있다.

54 ②

✅ 1회독 ○ △ X ✅ 2회독 ○ △ X

고정환율제도에 대한 설명이다. 고정환율제도 하에서는 국제수지 적자가 발생하면 환율상승을 억제하기 위해 중앙은행이 외환시장에 개입하여 외환을 매각한다.

③ 외환시장이 균형을 이루므로 국제수지가 항상 균형을 이룸으로써 환율이 일종의 자동안정화장치의 역할을 한다.

④ 환율변동에 따라 무역과 투자가 영향을 받는다.

더알아보기

• 변동환율제도
외환시장에서 외화의 수요와 공급이 균형을 이루는 수준에서 환율이 결정되는 제도로, 중앙은행 등의 개입 없이 자유롭게 환율이 결정되도록 하는 제도이다.
• 브레튼우즈체제
국제금본위제도. 제2차 세계대전 이후 국제통화기금(IMF)에 의해 채택된 제도로, 달러화를 기축통화로 정하고 금과의 교환비율을 고정시키는 한편 다른 국가의 통화는 달러화와 일정한 교환비율을 유지되도록 설정되었다.

재정학(3문항)

55 ③ ☑ 1회독 ○ △ × ☑ 2회독 ○ △ ×

시장실패, 외부성, 사회서비스의 수요 증대는 정부지출의 거시적 모형에 해당하고, 공공부문 수요의 높은 소득탄력성, 인구 증가, 공공재 품질 향상의 수요, 공공부문 임금 인상 등은 정부지출의 미시적 모형에 해당한다.

56 ④ ☑ 1회독 ○ △ × ☑ 2회독 ○ △ ×

보조금이 아닌 조세를 부과해야 하며, 부과해야 할 조세의 크기는 생산 한 단위당 사회적 비용인 40이 된다.
① $200 - Q = 50 + Q$로부터 $Q = 75$가 구해진다.
② 사회적 비용이 생산 한 단위당 40이므로 사회적 한계비용은 $90 + Q$가 된다. $200 - Q = 90 + Q$로부터 $Q = 55$가 구해진다.
③ 규제가 없을 때 균형생산량이 75이므로 20만큼 적게 생산하도록 하면 사회적 최적수준인 55만큼을 생산하여 사회적 후생을 높일 수 있다.
⑤ 수량을 20만큼 적게 생산하도록 규제하든 조세를 단위당 40만큼 부과하든 동일한 사회적 최적수준을 생산하므로 사회후생 증진효과는 동일하다.

57 ③ ☑ 1회독 ○ △ × ☑ 2회독 ○ △ ×

사회적 한계비용함수는 사적 한계비용에 사회적 한계피해액을 수직으로 더한 것이므로 $P = 3Q + 20$이 된다. $100 - Q = 3Q + 20$으로부터 $Q = 20$이 사회적 최적생산량임을 구할 수 있다. 이를 사적 한계비용에 대입하면 $P = 30$이고 사회적 한계비용에 대입하면 $P = 80$이므로 정부가 부과해야 할 종량세의 크기는 $80 - 30 = 50$이 된다.

계량경제학(3문항)

58 ④ ☑ 1회독 ○ △ × ☑ 2회독 ○ △ ×

계절변동은 계절에 따라 순환하며 변하는 시계열변동을 의미하며, 계절의 영향을 받아 순환변동에 비해 순환의 주기가 짧다.

더알아보기

시계열자료
시간의 흐름에 따라 수집된 자료를 의미하며 일반적으로 추세변동, 순환변동, 계절변동, 불규칙변동 요인으로 구성된다. 변수가 장기간에 걸쳐 어떤 추세를 보이면서 변하는 것을 추세변동이라 하고, 장기적 추세선을 따라 주기적으로 등락을 반복하는 현상을 순환변동이라고 하며, 계절적 요인에 따라 사계절을 주기로 나타나는 변동을 계절변동이라고 한다. 불규칙변동은 우연적 요인으로 작용하여 발생한다.

59 ④ ☑ 1회독 ○ △ × ☑ 2회독 ○ △ ×

ㄱ. 연구자가 검정하고자 하는 가설은 대립가설이고, 그 반대되는 가설이 귀무가설이다.
ㄹ. 귀무가설의 수용 여부를 결정하는 기준을 유의수준이라고 한다.

60 ⑤ ☑ 1회독 ○ △ × ☑ 2회독 ○ △ ×

잔차는 회귀식에 의해 설명되지 않는 편차를 의미하며, 잔차의 제곱합이 작을수록 회귀식의 설명력이 높아진다.

더알아보기

최소자승법에 따른 $\hat{\beta}_0$와 $\hat{\beta}_1$
잔차제곱들의 합은 $\sum e_i^2 = \sum (y_i - \hat{\beta}_0 - \hat{\beta}_1 x_i)^2$이므로, 최소자승법에 따른 $\hat{\beta}_0$와 $\hat{\beta}_1$는 다음과 같은 식을 만족시킨다.

$$Min \sum (y_i - \hat{\beta}_0 - \hat{\beta}_1 x_i)^2$$

제2회 정답 및 해설

01	02	03	04	05	06	07	08	09	10
④	①	②	②	③	③	⑤	③	②	③
11	12	13	14	15	16	17	18	19	20
①	④	④	④	④	③	⑤	②	②	②
21	22	23	24	25	26	27	28	29	30
⑤	④	②	④	②	⑤	④	②	③	②
31	32	33	34	35	36	37	38	39	40
②	②	④	②	①	⑤	②	⑤	④	①
41	42	43	44	45	46	47	48	49	50
①	④	④	⑤	④	③	③	②	③	①
51	52	53	54	55	56	57	58	59	60
②	⑤	③	③	⑤	②	②	②	④	④

미시경제학(22문항)

01 ④　　　　☑ 1회독 ○ △ Ｘ　☑ 2회독 ○ △ Ｘ

물품구입에 지불한 대금은 실제 대안을 선택함으로써 지출한 비용으로 명시적 비용을 의미한다. 암묵적 비용이란 눈에 보이지 않는 비용으로 자신이 선택하지 않고 포기하는 다른 기회의 잠재적 비용을 말한다.

> **더알아보기**
>
> 회계학과 경제학에서의 기회비용
> 회계학에서는 명시적 비용만을 기회비용에 포함시키지만, 경제학에서는 명시적 비용과 암묵적 비용을 함께 포함시킨다.

02 ①　　　　☑ 1회독 ○ △ Ｘ　☑ 2회독 ○ △ Ｘ

친구 몫으로 구입한 관람권 20,000원은 회수 불가능한 금액으로 매몰비용이 된다. 기회비용은 미술관을 가지 않기로 했을 때 얻을 수 있는 최대 이익을 의미하므로 본인의 관람권 20,000원이 된다.

03 ②　　　　☑ 1회독 ○ △ Ｘ　☑ 2회독 ○ △ Ｘ

생산가능곡선에서 곡선상의 점뿐만 아니라 곡선 내부의 영역에서도 생산이 가능하다. 단 곡선 내부 영역의 점에서의 생산은 주어진 생산요소를 최대한 활용하지 못하는 비효율적인 생산 상태를 나타낸다.

> **더알아보기**
>
> 생산가능곡선
> 주어진 생산요소와 생산기술을 사용하여 효율적으로 생산할 수 있는 최대산출물량의 조합을 나타내는 곡선으로, 곡선 밖의 점은 주어진 생산요소를 최대한 투입하여도 달성할 수 없는 생산조합을 의미한다. 생산가능곡선은 기술이 진보하거나 부존자원량이 증가할 때 바깥쪽으로 이동한다.

04 ②　　　　☑ 1회독 ○ △ Ｘ　☑ 2회독 ○ △ Ｘ

정상재는 소득이 감소(증가)하면 소비량이 감소(증가)하여 수요곡선이 왼쪽(오른쪽)으로 이동하지만, 열등재의 경우 소득이 감소(증가)하면 소비량이 증가(감소)하여 수요곡선이 오른쪽으로 이동한다. 따라서 소득의 감소(증가)가 수요의 감소(증가)로 나타나는 것은 모든 재화에 대하여 발생하는 현상이 아니다.
① 공급량은 특정 가격 수준에서 공급자가 일정 기간 동안 판매하고자 하는 상품의 양이다.
③ 기술 진보는 생산비 하락을 가져오고 생산량을 증가시켜 공급곡선을 오른쪽으로 이동시킨다.
④ 수요의 증가는 수요곡선 자체가 오른쪽으로 이동하는 것이고, 수요량의 증가는 주어진 수요곡선상의 점이 오른쪽으로 이동하는 것이다.
⑤ 소고기 값이 떨어지면 소고기의 수요가 증가하므로, 대체재인 돼지고기의 수요는 감소한다.

> **더알아보기**
>
> • 수요 : 소비자들이 일정 기간 동안 상품을 구입하고자 하는 욕구
> • 수요량 : 특정 가격수준에서 일정 기간 동안 수요자가 구입하고자 하는 상품의 양
> • 수요의 변동 : 수요곡선 자체의 이동을 의미
> • 수요량의 변동 : 수요곡선상에서의 점의 이동을 의미
> • 공급 : 공급자들이 일정 기간 동안에 상품을 판매하고자 하는 욕구
> • 공급량 : 특정 가격수준에서 일정 기간 동안 공급자가 판매하고자 하는 상품의 양
> • 공급의 변동 : 공급곡선 자체의 이동을 의미
> • 공급량의 변동 : 공급곡선상에서의 점의 이동을 의미
> • 대체관계 : 대체관계에 있는 두 재화 중 한 재화의 가격이 상승(하락)하면 수요가 증가(감소)하는 관계
> • 보완관계 : 보완관계에 있는 두 재화 중 한 재화의 가격이 상승(하락)하면 수요가 감소(증가)하는 관계

05 ③   ☑1회독 ○△✕   ☑2회독 ○△✕

시장가격의 변화를 유발하지 않고 균형수량만 감소했다면 밀의 수요와 공급이 모두 감소한 경우에 해당한다. 밀 수확의 감소는 공급 감소에 해당하며, 쌀 수확의 증가로 쌀 가격이 하락하면 대체재인 밀의 수요가 감소한다.

① 밀 공급이 증가하고 쌀 수확의 감소로 쌀 공급이 감소하면서 쌀 가격이 상승하여 대체재인 밀의 수요가 증가한다.

② 밀 공급이 증가하고 쌀 가격이 상승하여 대체재인 밀의 수요가 증가한다.

④ 밀 공급이 감소하고 쌀 수입의 감소로 쌀 공급이 감소하여 쌀 가격이 상승하고 대체재인 밀의 수요가 증가한다.

⑤ 밀 공급이 감소하고 밀 수요가 증가하면 균형거래량의 증감 여부는 알 수 없고 밀 가격은 상승한다.

06 ③   ☑1회독 ○△✕   ☑2회독 ○△✕

X재의 가격이 하락하면 X재의 수요가 증가하게 되고 보완재인 Y재의 수요 또한 증가한다. Y재의 수요가 증가하면서 수요곡선이 오른쪽으로 이동하게 되고 Y의 가격은 상승한다.

① X재의 가격이 상승하여 X재의 수요가 감소하는 경우 보완재인 Y재의 수요도 감소한다.

② X재의 가격이 하락하여 X재의 수요가 증가하는 경우 보완재인 Y재의 수요도 증가한다.

④ X재의 공급이 증가하면 X재의 가격은 하락하고 이에 따라 수요량이 증가한다. X재의 수요량이 증가하면 Y재의 수요량도 증가할 것이므로 Y재의 가격은 상승한다.

⑤ X재의 수요가 증가할 경우, X재의 가격은 상승한다. X재의 수요가 증가하였기 때문에 보완재인 Y재의 수요도 증가하므로 공급의 변동이 없을 시 Y재의 가격 또한 상승한다.

07 ⑤   ☑1회독 ○△✕   ☑2회독 ○△✕

가격이 변화할 때 수요량의 변화, 즉 수요곡선상의 점의 이동이 나타난다.

①, ③, ④ 소득의 감소, 가격하락 예상, 보완재의 가격상승이 예상되는 경우 수요곡선 자체가 왼쪽으로 이동한다.

② 기술진보가 발생하면 한계비용이 하락하여 공급곡선을 우측으로 이동시키므로 균형가격이 하락하고 수요량이 증가한다. 즉 수요곡선상의 점이 수요곡선을 따라 우측으로 이동한다.

08 ③   ☑1회독 ○△✕   ☑2회독 ○△✕

균형은 수요량과 공급량이 맞아떨어지는 것을 뜻하므로, $Q_D = Q_S$로 놓고, 수요함수와 공급함수를 연립하여 균형가격 P^*와 균형거래량 Q^*를 구한다.

$$P = 300 - 2Q = 150 + Q$$
$$Q^* = 50, \; P^* = 200$$

09 ②   ☑1회독 ○△✕   ☑2회독 ○△✕

수요의 가격탄력성 $= - \dfrac{\dfrac{\triangle Q_D}{Q_D}}{\dfrac{\triangle P}{P}}$ 이므로 가격탄력성 $= - \dfrac{-0.3}{\dfrac{2,000}{2,000}}$

$= 0.3$ 이다. 분모의 분수에서 분모 2,000은 최초가격이고 분자 2,000은 가격인상분이다. 수요가 30% 감소할 것을 기대했으므로 $\dfrac{\triangle Q_D}{Q_D}$ 는 -0.3에 해당한다.

10 ③   ☑1회독 ○△✕   ☑2회독 ○△✕

(ⅰ) 균형가격, 균형거래량

균형가격은 수요와 공급이 일치하는 점에서의 가격이므로 균형가격은 $Q_D = Q_S$를 충족시키는 가격이다. 따라서 $30 - 2P = 3P$를 풀면, 균형가격 $= 6$, 균형거래량 $= 18$이 도출된다.

(ⅱ) 수요의 점탄력성

수요의 점탄력성 $= - \dfrac{dQ_D}{dP} \times \dfrac{P}{Q_D}$ 이다. $\dfrac{dQ_D}{dP}$ 는 수요함수를 P에 대하여 미분한 값인 -2가 되며, $\dfrac{P}{Q_D} = \dfrac{6}{18} = \dfrac{1}{3}$ 이므로 수요의 가격탄력성은 $\dfrac{2}{3}$ 이다.

11 ①   ☑1회독 ○△✕   ☑2회독 ○△✕

수요의 교차탄력성이 0보다 크므로 대체관계를 의미한다.

④, ⑤ 교차탄력성만으로 X재와 Y재가 각각 정상재인지 열등재인지는 알 수 없다.

> **더알아보기**
>
> **수요의 교차탄력성**
> • 수요의 교차탄력성이란 한 재화의 가격의 변화율에 따른 다른 재화 수요량의 변화율을 측정하는 지표이다.
> • 수요의 교차탄력성의 값이 양수이면 대체관계, 음수이면 보완관계이다.

12 ④

아래 그림과 같이 소비자잉여는 $C - A$만큼 증가하고 생산자잉여
는 $B + C$만큼 감소한다(가격상한제를 실시함으로 C가 생산자잉
여에서 소비자잉여로 넘어갔다). 이에 따라 사중손실 $A + B$가 발
생하여 사회적 후생이 $A + B$만큼 감소하게 된다.

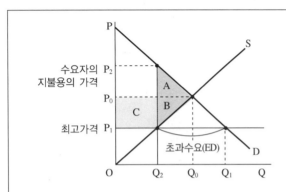

$(A + B)$: 최고가격 설정에 따른 사회적 후생손실분

- 소비자잉여 변화분 : $C - A$
- 생산자잉여 변화분 : $- C - B$
- 사회적후생 변화분 : $-(A + B)$

13 ④

공급의 가격탄력성이 수요의 가격탄력성보다 클 경우, 즉 공급곡
선이 수요곡선보다 완만할 경우 조세는 소비자와 생산자 모두가
부담하며 이때 소비자부담의 크기가 더 크다.

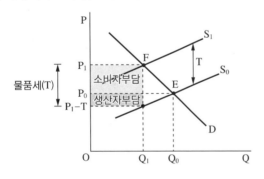

14 ②

한계효용의 체감은 재화 1단위의 소비가 증가할 때 총효용의 증가
분이 감소한다는 것이다. 총효용 변화분은 (+)이다.

더알아보기

총효용과 한계효용
재화의 소비가 증가함에 따라 한계효용이 점점 증가하다가 특정 소
비량을 넘어선 소비를 하게 되면 한계효용이 감소하게 되는데 이를
'한계효용체감의 법칙'이라고 한다. 한편 한계효용이 0이 되는 소비
점은 총효용이 극대화되는 소비점(B)을 의미하므로 이 점보다 많은
소비를 하게 되면 총효용은 감소한다. 이때 한계효용은 음(-)이 된다.

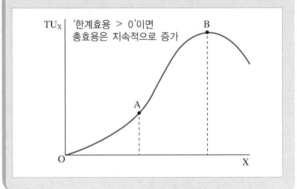

15 ④

물의 한계효용보다 다이아몬드의 한계효용이 더 크다.

더알아보기

- **가치의 역설**
  '가치의 역설'은 아담 스미스가 〈국부론〉에서 재화의 사용가치와
  교환가치의 차이가 발생하는 부분을 설명하지 못한 점을 일컫는다.
  예를 들면 생활에 필수적인 물의 가치보다 사치재이면서 생활에
  필수적이지 않은 다이아몬드의 가치가 더 높은 경우를 의미한다.
- **한계효용균등의 법칙**
  물을 W, 다이아몬드를 D라고 할 때 효용극대화를 위해서는
  $\dfrac{MU_W}{P_W} = \dfrac{MU_D}{P_D}$ 가 성립해야 한다.

16 ③

☑ 1회독 ○△✕ ☑ 2회독 ○△✕

(i) 효용극대화식

주어진 효용함수를 X에 대하여 미분하면 $MU_X = Y$, Y에 대하여 미분하면 $MU_Y = X$이므로,

$$MRS_{X,\ Y} = \frac{MU_X}{MU_Y} = \frac{Y}{X}$$

$$\frac{P_X}{P_Y} = \frac{200}{100} = 2$$

$MRS_{X,\ Y}$와 $\dfrac{P_X}{P_Y}$를 효용극대화조건에 대입하면,

$$Y = 2X \ \cdots\cdots ㉠$$

(ii) 예산제약식

$$12,000 = 200X + 100Y$$

$$Y = 120 - 2X \ \cdots\cdots ㉡$$

(iii) 효용극대화점 도출

효용극대화를 위해서는 효용극대화조건을 만족하는 점 중에서 예산을 모두 사용하여 소비하는 점이어야 하므로, 예산식과 효용곡선이 접하는 점에서 효용극대화가 달성된다. 따라서 ㉠과 ㉡을 연립하여 풀면,

$$X = 30,\quad Y = 60$$

더알아보기

• 한계대체율 $= MRS_{X,Y} = \dfrac{MU_X}{MU_Y}$

• 효용극대화조건 : $\dfrac{MU_X}{MU_Y} = \dfrac{P_X}{P_Y}$

• 효용극대화점 도출 : 예산식과 효용극대화조건 연립

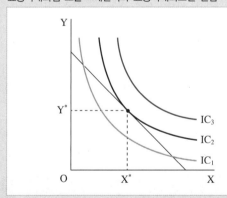

한편 재화가 열등재가 아니라면 소비량이 많을수록 효용이 커지는데, IC_1은 주어진 소득을 모두 사용하여 최대한 소비하지 않았으므로 효용을 극대화하는 예산선이라고 보기 어렵다. IC_3는 예산선 밖에 있으므로 선택이 불가능한 선이다.

17 ⑤

☑ 1회독 ○△✕ ☑ 2회독 ○△✕

① 기대효용이론에서는 기대효용을 극대화하는 선택을 합리적이라고 한다.

② 기대효용이론에서는 크기 비교가 가능한 기수적 효용을 사용한다.

③ 위험기피자는 기대치의 효용이 효용의 기대치보다 크다(기대치의 효용 > 효용의 기대치).

④ 위험선호자는 기대치의 효용이 효용의 기대치보다 작으므로 아래로 볼록한 형태의 기대효용함수를 갖는다.

더알아보기

위험기피자, 위험중립자, 위험선호자의 효용곡선

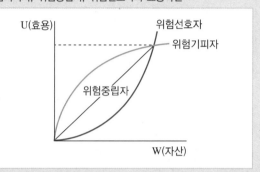

• **위험기피자**

위험기피자는 확실한 소득의 효용이 불확실한 자산의 기대효용보다 높은 자를 의미하므로, 기대치의 효용이 효용의 기대치(기대효용)보다 크다. 따라서 위험기피자의 효용함수는 아래로 오목하다.

• **위험선호자**

위험선호자는 불확실한 자산의 기대효용이 확실한 소득의 효용보다 높은 자를 의미하므로, 효용의 기대치(기대효용)가 기대치의 효용보다 크다. 따라서 위험선호자의 효용함수는 아래로 볼록하다.

• **위험중립자**

확실한 소득의 효용과 불확실한 자산의 기대효용이 같은 수준으로 직선의 형태를 가진다.

18 ②

단기한계비용곡선은 장기한계비용곡선을 통과한다.

더알아보기

단기한계비용, 장기한계비용, 단기평균비용, 장기평균비용의 관계

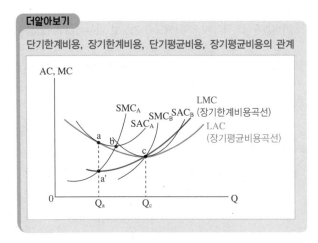

19 ②

균형생산량에서 한계수입과 한계비용이 일치하는데 이때 가격은 수요곡선에 따라 결정되므로 한계비용보다 높다.

① 독점적 경쟁시장은 다수의 기업이 대체성은 높지만 차별화된 상품을 생산하는 진입과 퇴거가 자유로운 시장이다.

③ 독점적 경쟁시장은 진입과 퇴거가 자유롭기 때문에 장기적으로 정상이윤만 획득한다.

④ 독점적 경쟁시장의 경우 장기에는 한계수입과 장기한계비용이 일치하는($MR = LMC$) 점에서 균형산출량(Q^*)이 결정된다.

⑤ 사회적 후생을 극대화하는 생산량은 완전경쟁시장일 때의 생산량인데 독점적 경쟁시장에서는 이보다 적은 생산이 이뤄진다.

더알아보기

독점적 경쟁시장의 장기균형

다음 그림과 같이 독점적 경쟁시장의 장기균형에서 $P = AR = SAC = LAC$가 성립한다. $MR = SMC = LMC$가 성립하므로 $P = AR = SAC = LAC > MR = SMC = LMC$로 정리할 수 있다.

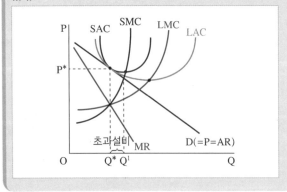

20 ②

여가가 열등재인 경우 임금이 상승하면 대체효과와 소득효과 모두 노동공급을 증가시키므로 노동공급이 반드시 증가한다.

① 여가가 정상재인 경우 임금이 상승하면 대체효과는 노동공급을 증가시키고, 소득효과는 노동공급을 감소시킨다. 두 효과의 크기에 따라 노동공급은 증가할 수도, 감소할 수도 있다.

③, ④, ⑤ 노동의 한계생산이 느리게 체감할수록, 노동을 대체할 생산요소가 많을수록, 임금이 차지하는 비중이 커질수록 노동 수요의 임금탄력성이 커진다.

더알아보기

노동수요의 임금탄력성

임금의 변화에 따른 노동수요의 변화를 의미한다. 임금탄력성이 커진다는 것은 임금 증가에 따라 수요의 변화가 커진다는 것을 의미한다.

21 ⑤

균등분배대등소득은 소득분배에 민감한 사람일수록 평균소득보다 낮게 나타나므로, 개인의 주관적 판단에 따라 결정된다고 할 수 있다.

22 ④

부정적 외부효과가 발생하면 사적 비용이 사회적 비용보다 낮아 과다생산 및 소비가 발생하고 시장의 비효율성이 나타난다.

더알아보기

• 외부성
어느 한 경제주체가 다른 경제주체에게 의도하지 않은 이익이나 손해를 가져다주면서도 이에 대해서 보상하거나 보상받지 않는 것을 말한다.

• 외부효과
어느 한 경제주체가 시장기구를 통하지 않고 다른 경제주체에게 손해나 이익을 가져다주는 현상을 말한다.

• 사회적 · 사적 편익과 사회적 · 사적 비용 및 효과

구 분		사회적 · 사적 편익, 사회적 · 사적 비용	효 과
외부불경제 (부정적 외부효과)	생 산	$SMB = PMB = P$ $= PMC < SMC$	과다생산
	소 비	$SMB < PMB = P =$ $PMC = SMC$	과다소비
외부경제 (긍정적 외부효과)	생 산	$SMB = PMB = P$ $= PMC > SMC$	과소생산
	소 비	$SMB > PMB = P =$ $PMC = SMC$	과소소비

거시경제학(22문항)

23 ② ☑ 1회독 ○ △ × ☑ 2회독 ○ △ ×

GDP 디플레이터는 명목GDP를 실질GDP로 나눈 것이다.

더알아보기

- GDP(Gross Domestic Product ; 국내총생산) : 일정 기간 동안 한 나라의 영토 내에서 생산된 최종생산물의 시장가치를 의미한다.
- 명목GDP : 비교연도 물가수준을 적용한 GDP($P_1 Q_1$)
- 실질GDP : 기준연도 물가수준을 적용한 GDP($P_0 Q_1$)
- GDP디플레이터 : $\dfrac{P_1 Q_1}{P_0 Q_1} \times 100$, 즉 결국 물가수준의 변화를 나타낸다.
- GNI(Gross National Income ; 국민총소득) : 대표적인 경제성장지표가 국내총생산(GDP)이라면 국민소득을 보다 정확하게 반영하기 위해 나온 경제지표는 국민총소득으로, 일정 기간 동안 한 나라 국민이 소유하고 있는 생산요소를 국내외에 제공한 대가로 벌어들인 소득을 의미한다.
- GNP(Gross National Product ; 국민총생산) : 일정 기간 동안 한 나라의 국민이 국내외에서 새롭게 생산한 재화와 용역의 부가가치 또는 최종재의 값을 화폐 단위로 합산한 것이다. GDP는 한 나라의 영토를 기준으로 산정되는 반면, GNP는 국적을 기준으로 산정된다는 차이점이 있다.
- GDI(Gross Domestic Income ; 국내총소득) : 국내 거주인이 1년 동안 벌어들인 소득으로 실질국내총생산(GDP)에 실질무역손익을 더한 개념이다. 수출품 가격이 상승하면 증가하고, 수입품 가격이 상승하면 감소한다.

24 ④ ☑ 1회독 ○ △ × ☑ 2회독 ○ △ ×

한계소비성향(MPC)이 0.8이므로

투자승수는 $\dfrac{1}{1-MPC} = \dfrac{1}{1-0.8} = 5$,

조세승수는 $\dfrac{-MPC}{1-MPC} = \dfrac{-0.8}{1-0.8} = -4$이다.

더알아보기

여러 가지 승수모형
- 폐쇄경제에서 정액세만 존재하는 경우의 승수
  - 투자승수 : $\dfrac{1}{1-MPC}$
  - 정부지출승수 : $\dfrac{1}{1-MPC}$
  - 조세승수 : $\dfrac{-MPC}{1-MPC}$

- 폐쇄경제에서 비례세가 존재하는 경우의 승수
  - 투자승수 : $\dfrac{1}{1-MPC(1-t)}$
  - 정부지출승수 : $\dfrac{1}{1-MPC(1-t)}$
  - 조세승수 : $\dfrac{-MPC}{1-MPC(1-t)}$
- 개방경제에서 정액세만 존재하는 경우의 승수
  - 투자승수 : $\dfrac{1}{1-MPC+m}$
  - 정부지출승수 : $\dfrac{1}{1-MPC+m}$
  - 조세승수 : $\dfrac{-MPC}{1-MPC+m}$
- 개방경제에서 비례세가 존재하는 경우의 승수
  - 투자승수 : $\dfrac{1}{1-MPC(1-t)+m}$
  - 정부지출승수 : $\dfrac{1}{1-MPC(1-t)+m}$
  - 조세승수 : $\dfrac{-MPC}{1-MPC(1-t)+m}$

25 ② ☑ 1회독 ○ △ × ☑ 2회독 ○ △ ×

케인즈의 소비함수에 의하면 평균소비성향(APC)이 한계소비성향(MPC)보다 항상 크다.

더알아보기

절대소득가설
- 소비는 현재의 가처분소득에 의해 결정된다.
- 소득이 증가하면 소비는 증가된 소득의 일부만큼만 소비된다.
- 소득이 증가할수록 평균소비성향(APC)은 감소한다.
- 케인즈의 소비함수에 의하면 일시적인 세율인하 시 소비가 크게 증가하므로 일시적인 재정정책은 매우 효과적이다.
- 장기에는 소득과 소비의 관계를 설명하기 어렵다.

26 ⑤ ☑ 1회독 ○ △ × ☑ 2회독 ○ △ ×

피셔의 화폐수량설은 $MV = PY$가 성립한다는 것이다. 이를 증가율로 변형하면 $\dot{M} + \dot{V} = \dot{P} + \dot{Y}$가 성립한다. 통화량의 변화가 없으므로 통화유통속도는 5% + 1% = 6%가 된다.

27 ④ ☑1회독 ○△× ☑2회독 ○△×

토빈의 자산선택이론에 따르면 이자율 상승에 따른 대체효과보다 소득효과가 더 커야 이자율이 상승할 때 오히려 화폐수요가 증가한다.

보몰(Baumol)의 재고이론은 거래적 동기에 의한 화폐수요를 설명하는 이론으로, 모형에 따르면 화폐수요는 이자율의 감소함수이며 소득과 거래비용, 물가의 증가함수이다.

28 ② ☑1회독 ○△× ☑2회독 ○△×

시간선호가 상승했다는 것은 미래소비보다 현재소비를 선호한다는 것으로 현재의 소비를 늘리고 저축을 줄이게 되어 이자율이 상승한다.

① 중앙은행이 국채를 매입하면 통화량이 증가하므로 이자율이 하락한다.

③ 명목이자율은 실질이자율과 기대인플레이션율의 합이므로 기대인플레이션율의 하락은 명목이자율의 하락으로 나타난다.

④ 기업의 회사채 발행이 감소하면 채권공급이 감소하여 이자율이 하락하게 된다.

⑤ 자본의 한계효율은 자본 한 단위 증가에 따른 기대수익의 현재가치와 투자비용을 일치시키는 내부수익률이므로 동일한 자본량 수준에서 한계효율 하락은 이자율을 하락시킨다.

29 ③ ☑1회독 ○△× ☑2회독 ○△×

재정흑자($T-G > 0$)가 확대되면 정부저축이 증가(④)하면서 총저축이 증가(⑤)하여 대부자금공급곡선이 오른쪽으로 이동한다. 이에 따라 실질이자율은 하락(①)하고, 민간투자가 증가(③)하며, 이자율 하락으로 민간저축이 감소(②)하면서 소비가 증가한다.

> **더알아보기**
>
> **대부자금시장**
> 대부자금의 수요측면으로는 ① 기업의 투자수요, ② 기간 중 민간의 화폐수요 증가가 있다. 대부자금의 공급측면으로는 ① 민간저축, ② 정부저축, ③ 화폐공급의 증가가 있다. 대부자금의 수요를 구성하는 투자수요나 화폐수요 증가는 모두 이자율의 감소함수이므로 대부자금에 대한 수요곡선은 우하향한다. 한편 대부자금의 공급 중 민간저축은 이자율의 증가함수이며, 국민소득의 증가함수이다. 따라서 주어진 국민소득수준에서 대부자금의 공급곡선은 우상향한다.

30 ② ☑1회독 ○△× ☑2회독 ○△×

초과지급준비율이 커지면 통화승수가 작아진다.

① 통화승수는 돈의 총량을 의미하는 통화량(M2)을 중앙은행이 공급하는 본원통화로 나눈 수치다.

③, ④ 민간의 현금통화비율은 현금보유성향을 나타내며, 이 비율이 낮을수록 통화승수는 커진다. 따라서 신용카드 사용이 많아지면 현금통화비율이 낮아져 통화승수가 커지게 된다.

⑤ 초과지급준비율과 현금통화비율은 예금은행과 예금자에 의해 결정되므로 화폐공급은 이들의 의사결정에 영향을 받는다.

31 ② ☑1회독 ○△× ☑2회독 ○△×

통화승수를 구하는 공식은 $m = \dfrac{1}{z(지급준비율)} = \dfrac{1}{0.2} = 5$가 된다. 따라서 본원통화가 100억 달러이므로 통화량은 500억 달러가 된다.

32 ② ☑1회독 ○△× ☑2회독 ○△×

실제지급준비금은 법정지급준비금과 초과지급준비금의 합이므로 법정지급준비금은 8조 원에서 5조 원을 뺀 3조 원이 된다. 따라서 법정지급준비율은 $\dfrac{3조\ 원}{10조\ 원} = 30\%$가 된다.

33 ④ ☑1회독 ○△× ☑2회독 ○△×

국가신용등급이 상승하면 채권수요를 증가시켜 채권가격이 상승하고 채권수익률이 하락한다.

① 대부자금의 수요는 자금을 빌리고자 하는 수요이므로 채권공급이 증가하면 대부자금의 수요가 증가한다.

② 채권수요가 증가하면 채권가격이 상승하고 채권수익률이 하락한다.

③ 기업의 사채발행은 채권공급을 증가시켜 채권가격이 하락하고 채권수익률이 상승하게 한다.

⑤ 정부의 국채매입은 채권수요를 증가시켜 채권가격이 상승하고 채권수익률이 하락하게 한다.

34 ②

☑ 1회독 ○ △ ✕　☑ 2회독 ○ △ ✕

물가가 상승하면 실질통화량이 감소하여 LM곡선이 좌측으로 수평이동한다.

① 통화량이 증가하면 LM곡선은 우측으로 이동한다.
③ 정부가 국채를 매도하면 통화량이 감소하여 LM곡선이 좌측으로 이동한다.
④ 법정지급준비율이 인상되면 통화량이 감소하여 LM곡선이 좌측으로 이동한다.
⑤ $IS-LM$모형은 총수요 부분을 설명하는 것으로 LM곡선이 좌측으로 이동하면 총수요는 감소한다.

더알아보기

LM곡선

• **LM곡선 기울기 결정요인**
 – 화폐의 소득탄력성(마샬k)이 작을수록 LM곡선은 완만하다.
 – 화폐의 유통속도가 클수록 LM곡선은 완만하다.
 – 화폐의 이자율탄력성(h)이 클수록 LM곡선은 완만하다.
• **LM곡선 이동요인**
 – 통화량이 증가할 때 LM곡선은 우측으로 수평이동한다.
 – 물가가 상승하면 실질통화량이 감소하므로 LM곡선은 좌측으로 수평이동한다.
 – 거래적 동기의 화폐수요가 증가할 때 LM곡선이 좌측으로 수평이동한다.

35 ①

☑ 1회독 ○ △ ✕　☑ 2회독 ○ △ ✕

투자가 이자율에 반응하는 정도가 민감해졌다는 것은 투자의 이자율탄력성이 커져 IS곡선이 완만해졌음을 의미한다. 따라서 재정정책의 효과는 감소하고 금융정책의 효과가 증가한다.

36 ⑤

☑ 1회독 ○ △ ✕　☑ 2회독 ○ △ ✕

물가가 상승하면 실질임금이 하락하는 것은 총공급곡선과 관련된 내용이다.

① 물가가 상승하면 실질통화량이 감소하면서 LM곡선이 좌측으로 이동하여 이자율이 상승하게 된다. 이자율 상승은 투자의 감소로 나타난다.
② 물가가 상승하면 실질자산이 감소하면서 소비가 감소한다.
③ 물가가 상승하면 실질환율이 하락하면서 수출이 감소하고 수입이 증가하여 순수출이 감소한다.
④ 물가가 상승하면 화폐가치를 물가수준으로 나눈 실질화폐가치는 하락한다.

37 ②

☑ 1회독 ○ △ ✕　☑ 2회독 ○ △ ✕

가계가 미래물가 상승을 기대하면 현재 물가수준에서의 소비를 증가시키므로 총수요가 증가한다.

① 가계가 미래소득 증대를 기대하면 항상소득가설에 따라 항상소득이 증가하는 것으로 현재 소비를 증가시킨다. 따라서 총수요가 증가한다.
③ 가계가 미래조세 상승을 기대하는 것은 미래 가처분소득의 감소를 의미하는 것으로 현재 소비를 줄이고 저축을 늘리게 된다. 따라서 총수요가 감소한다.
④ 기업이 미래매출 증대를 기대하면 현재 투자를 늘리게 되므로 총수요가 증가한다.
⑤ 기업이 미래물가 상승을 기대하면 실질임금이 하락하는 것으로 현재 노동수요를 감소시키게 됨에 따라 총공급이 감소한다.

38 ⑤

☑ 1회독 ○ △ ✕　☑ 2회독 ○ △ ✕

합리적 기대이론은 왈라스 일반경쟁균형에 기초하고 있어 모든 시장이 즉각적으로 청산됨을 가정하고 있다.

더알아보기

합리적 기대와 적응적 기대

합리적 기대	• 이용가능한 모든 정보를 통해 경제변수를 예상하는 것으로, 경제주체들이 평균적으로 경제상태를 정확히 예상하므로 체계적 오류를 범하지 않는다. • 정부가 어떠한 정책을 실시하더라도 미리 합리적으로 예상하여 행동한다.
적응적 기대	• 과거의 경험을 통해 예상오차를 수정해 가면서 미래의 경제상태를 예측하는 것으로 기대형성 방식이 고정되어 있다고 가정함으로써 체계적 오류를 범하게 된다. • 경제변수를 예상할 때 오로지 그 변수의 과거치만 고려할 뿐 그 변수에 미치는 재정정책·금융정책 등 정부의 정책변화를 고려하지 못한다는 한계점이 있다.

39 ④

☑ 1회독 ○ △ ✕　☑ 2회독 ○ △ ✕

필립스곡선이 가파를수록 인플레이션율을 낮출 때 실업률의 상승분이 작다는 것을 의미하므로 희생률이 작아진다.

더알아보기

자연실업률가설
프리드먼(Friedman)과 펠프스(Phelps)가 고전적 필립스곡선에 자연실업률 및 적응적 기대인플레이션을 부가하여 주장한 가설로, 단기에는 실업과 인플레이션율 간 상충관계가 존재하지만 장기적으로는 상충관계가 존재하지 않으므로 정부의 확장적 총수요관리정책은 물가상승만 유발하게 된다.

정답 및 해설

안심Touch

40 ①

$$실업률(3\%) = \frac{실업자}{경제활동인구} \times 100(\%) = \frac{실업자}{2,800만 \ 명} \times 100(\%)$$

→ 실업자 수 = 84만 명 < 100만 명

② 취업자 수 = 2,800만 명 − 84만 명 = 2,716만 명 > 2,000만 명

③ 고용률 = $\dfrac{2,716만 \ 명}{4,000만 \ 명} \times 100(\%) = 67.9\%$

④, ⑤ 경제활동참가율 = $\dfrac{2,800만 \ 명}{4,000만 \ 명} \times 100(\%) = 70\%$이고 최대
로 달성할 수 있는 고용률은 모든 실업자가 취업자가 되는 것
이므로 경제활동참가율과 같은 70%가 된다.

41 ①

내생적 성장이론의 핵심은 자본의 한계생산력이 체감한다는 기존
의 가정을 배제하고, 자본의 한계생산력은 불변이거나 체증한다고
간주한 점이다.

> **더알아보기**
>
> **내생적 성장이론(Endogenous Growth Theory)**
> 내생적 성장이론은 기술진보가 외생적으로 결정된다는 신고전학파
> 성장모형에서 벗어나 경제 내에서 내생적으로 발생하는 기술진보
> 를 통하여 장기적인 경제성장이 이루어지는 과정을 설명한 성장이
> 론이다.

42 ④

이자율은 화폐시장에서 화폐수요와 화폐공급에 의해 결정된다고
보는 것은 케인스의 유동성선호이론이다. 반면 고전학파는 대부자
금시장에서 대부자금의 수요와 공급에 의해 이자율이 결정된다고
보았다. 이를 실물적 이자율이론 또는 대부자금설이라고 한다.

> **더알아보기**
>
> **고전학파계통과 케인즈학파계통의 계승 과정**
>
> | 공급경제학 |
> | --- |
> | ↑ |
>
> | 고전학파 | ⇒ | 통화주의학파 | ⇒ | 새고전학파 |
> | --- | --- | --- | --- | --- |
>
> | 케인즈학파 | ⇒ | 케인즈학파 | ⇒ | 새케인즈학파 |

43 ④

새고전학파와 새케인즈학파는 모두 합리적 기대를 통해 경제주체
들이 미래를 예측한다고 가정한다. 새고전학파는 정부의 예상된
정책시행은 단기에도 효과를 발휘하지 못하고 부작용만 초래한다
고 주장하며, 예상되지 못한 정부의 정책시행은 단기적으로 정책
효과가 발생하지만 장기에는 그 효과가 사라지면서 더 큰 부작용
을 초래한다고 주장한다.

새케인즈학파는 예상된 정부정책의 시행은 시장가격의 경직성으
로 단기에 그 정책 효과가 나타난다고 하여 새고전학파와는 다른
견해를 제시하였다. 새케인즈학파를 비롯한 케인즈학파는 단기에
경기불황을 극복하는 데 있어 정부정책의 효과를 주장한 학파들이
므로, 장기는 이들 학파들과는 거리가 멀다.

> **더알아보기**
>
> **새고전학파와 새케인즈학파의 비교**
>
> | | 구 분 | 새고전학파 | 새케인즈학파 |
> | --- | --- | --- | --- |
> | 공통점 | 기 대 | 합리적 기대 | 합리적 기대 |
> | 차이점 | 시장청산여부 | 시장청산 | 시장청산(✕) |
> | | 가격변수의 신축성 | 매우 신축적 | 신축적(✕) |
> | | 시장형태 | 완전경쟁시장 | 불완전경쟁시장 |
> | | 개별기업의 역할 | 가격수용자 | 가격결정자 |
> | | 경기안정화정책의 효과 | 효과(✕) | 단기적 효과 있음 |
> | | 경기변동의 발생원인 | 공급측 충격 | 수요측 충격 |

44 ⑤

소비성향, 투자성향 등 각종 변수들이 일정하다고 전제하는 케인
즈학파의 분석 방법을 비판한다.

국제경제학(10문항)

45 ④　☑1회독 ○△✕　☑2회독 ○△✕

밀 1톤 생산에 X국이 더 적은 노동이 투입되므로 X국에 절대우위가 있다. 밀 1톤을 생산할 때의 기회비용은 X국이 쌀 $\frac{3}{8}$톤이고 Y국이 $\frac{3}{5}$톤이므로 X국은 밀 생산에 비교우위를 갖고 Y국은 쌀 생산에 비교우위를 갖는다.

46 ③　☑1회독 ○△✕　☑2회독 ○△✕

트랙터 1대 가격을 밀 1톤 가격으로 나눈 비율이 본국이 5이고 외국이 8이므로 본국이 트랙터에 비교우위가 있고 외국이 밀에 비교우위가 있다. 따라서 본국은 트랙터를, 외국은 밀을 수출한다. 교역조건은 5와 8 사이에서 결정된다. 트랙터 1대와 교환되는 조건은 ① $\frac{50}{7}$ (7.14), ② $\frac{100}{15}$ (6.67), ③ 9, ④ $\frac{40}{6}$ (6.67), ⑤ $\frac{20}{3}$ (6.67)이므로 ③의 조건은 교역이 성립하지 않는다.

더알아보기

교역조건 = $\dfrac{\text{수출재의 가격}}{\text{수입재의 가격}}$

47 ③　☑1회독 ○△✕　☑2회독 ○△✕

자본에 대한 노동의 상대가격은 하락한다. 헥셔–올린 모형에 따라 B국이 자본집약적인 재화를 생산하면 비교우위를 가지므로 그 재화에 특화하여 교역하면 이익이 된다. 이때 자본수요가 증가하므로 자본가격이 상승하면서 자본에 대한 노동의 상대가격은 하락한다. 양국이 동일한 생산함수를 가정하므로 재화의 상대가격이 같아지면서 생산요소의 상대가격이 같아진다.

48 ②　☑1회독 ○△✕　☑2회독 ○△✕

아담 스미스는 절대우위론을 제시하였고, 비교우위론은 리카도에 의해서 제시된 이론으로 무역의 이익을 설명해주는 이론이다. 그리고 헥셔–올린 정리는 비교우위의 발생원인을 설명하는 이론이다.

49 ③　☑1회독 ○△✕　☑2회독 ○△✕

소국에서의 관세부과 효과

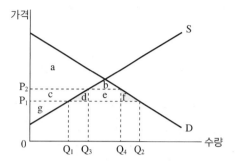

①, ② 가격은 1,500달러이고 P의 단위가 100달러이므로 공급함수와 수요함수에 $P=15$를 대입하면,
공급량 = 65,
수요량 = 105,
수입량 = 수요량 − 공급량 = 105 − 65 = 40
③, ④, ⑤ 200달러의 관세를 부과하므로 수입가격이 1,700달러로 상승한다. 공급함수와 수요함수에 $P=17$을 대입하면
공급량 = 71,
수요량 = 95.
따라서 관세부과 후 국내공급량은 증가했고, 수입량은 24로 16만큼 감소한다.
한편 관세부과 후 후생손실은 그래프에서의 '$\triangle d + \triangle f$'만큼이다.

$$\text{관세부과 후 후생손실} = \left\{ \text{공급증가분} \times (P_2 - P_1) \times \frac{1}{2} \right\} + $$
$$\left\{ \text{수요감소분} \times (P_2 - P_1) \times \frac{1}{2} \right\}$$
$$= \left\{ (71 - 65) \times 2 \times \frac{1}{2} \right\} + $$
$$\left\{ (105 - 95) \times 2 \times \frac{1}{2} \right\} = 16$$

가격의 단위가 100달러이므로 1,600달러가 손실크기가 된다.

50 ①　☑1회독 ○△✕　☑2회독 ○△✕

실질환율 변화율 $\dot{q} = \dot{e} + \dot{P_f} - \dot{P}$이다. 미 달러화 대비 원화가치가 10% 하락한다는 것은 명목환율 10%의 상승을 의미하므로 $\dot{e} = 10\%$, $\dot{P_f} = 4\%$, $\dot{P} = 5\%$를 위 식에 대입하면, 실질환율 변화율 = 10% + 4% − 5% = 9%, 즉 9% 상승한다.

51 ② ☑ 1회독 ○ △ × ☑ 2회독 ○ △ ×

자국화폐가치의 상승은 환율하락을 의미하므로 환율하락이 예상되는 경우에는 외환의 수요가 감소하여 외환수요곡선이 왼쪽으로 이동하고, 외환의 공급은 증가하여 외환공급곡선이 오른쪽으로 이동한다.

52 ⑤ ☑ 1회독 ○ △ × ☑ 2회독 ○ △ ×

구매력평가설에 의하면 통화량 증가는 물가상승을 일으키고 자국통화의 구매력을 감소시켜 평가절하를 가져온다.

더알아보기

구매력평가설
- 가정 : 국제적으로 일물일가의 법칙이 성립한다.
- 환율결정 : 환율은 양국통화의 구매력에 의하여 결정된다.
- 환율변화 : 양국의 인플레이션율 차이만큼 환율이 변화한다.

$$\frac{de}{e} = \frac{dP}{P} - \frac{dP_f}{P_f}$$

($\frac{de}{e}$: 환율상승률, $\frac{dP}{P}$: 자국의 물가상승률, $\frac{dP_f}{P_f}$: 외국의 물가상승률)

53 ③ ☑ 1회독 ○ △ × ☑ 2회독 ○ △ ×

먼델-플레밍(Mundell-Fleming)모형에 따르면 구매력평가설과 이자율평가설이 성립하지 않는다.

더알아보기

먼델-플레밍 모형
폐쇄경제 $IS-LM$모형에 국제수지 균형(BP곡선)을 반영한 모형이다. BP곡선에서 순수출은 실질환율의 증가함수이고 순자본유입(자본수지)은 국내외 이자율 차이의 증가함수이다. 이는 곧 구매력평가설과 이자율평가설이 성립하지 않음을 의미하는데, 구매력평가설이 성립하면 실질환율이 1로 일정해짐을 의미하기 때문에 순수출에 영향을 미칠 수 없고, 이자율평가설이 성립하면 순자본유입이 이자율차이뿐만 아니라 환율변동예상률에 의해서도 결정되기 때문이다. BP곡선은 환율변동예상률을 0으로 가정하기 때문에 이자율평가설의 성립을 반영하지 못한다. 완전한 자본이동을 가정할 때 BP곡선은 수평이 되고 불완전한 자본이동을 가정할 때 (r, Y) 평면에서 우상향하는 형태를 나타낸다.

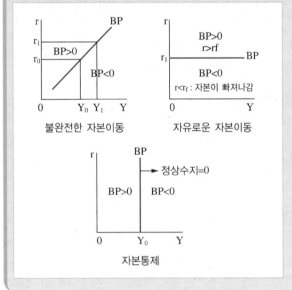

54 ③ ☑ 1회독 ○ △ × ☑ 2회독 ○ △ ×

해외소득은 외생변수이고 해외소득이 증가하면 순수출이 증가하게 되어 BP곡선이 하방이동한다.

①, ② BP곡선에서 내생변수는 국내실질이자율, 실질환율, 국민소득이다. BP곡선은 실질환율의 증가함수이고 국내와 해외이자율의 차이에 대한 증가함수이다.

④ 국내통화의 평가절하는 실질환율의 상승을 의미하므로 절가가 이뤄지면 순수출이 증가하게 되어 BP곡선이 하방이동한다.

⑤ 국내물가수준이 하락하면 실질환율이 상승하므로 순수출이 증가하게 되어 BP곡선이 하방이동한다.

재정학(3문항)

55 ⑤　　　☑ 1회독 O △ X　☑ 2회독 O △ X

내부수익률법에 의해 구해진 내부수익률이 가장 높은 사업안이 반드시 순현재가치가 크다고 할 수는 없다. 내부수익률과 순현재가치의 크기는 비례하지 않는다.

더알아보기

비용편익분석법
비용과 편익을 비교하여 공공투자안의 채택 여부 및 우선순위를 결정하는 방식으로, 편익-비용비율법, 순현재가치법, 내부수익률법이 있다.
- 편익-비용비율법 : 편익과 비용의 비율을 통해 공공투자안의 경제성을 평가하는 방식이다.

$$\frac{편익의\ 현재가치}{비용의\ 현재가치} = \frac{\sum_{i=0}^{N}[B_i/(1+r)^i]}{\sum_{i=0}^{N}[C_i/(1+r)^i]}$$

[N : 투자종료시점, B_i : i시점의 편익, r : 할인율, C_i : i시점의 비용]
- 순현재가치법 : 적절한 할인율을 적용하여 공공투자로부터 예상되는 비용과 현재가치를 계산하고, 이를 비교함으로써 투자안에 대한 투자 여부와 투자의 우선순위를 결정하는 방법이다.

$$NPV = \sum_{i=0}^{N}\frac{(B_i - C_i)}{(1+r)^i}$$

[N : 투자종료시점, B_i : i시점의 편익, r : 할인율, C_i : i시점의 비용]
- 내부수익률법 : 내부수익률이란 투자의 한계효율을 말하는 것으로, 공공사업을 실시할 때 순편익의 현재가치가 0이 되도록 하는 할인율을 말한다. 내부수익률법은 내부수익률과 할인율을 비교함으로써 공공투자안의 타당성을 평가하는 방법이다.

$$0 = \sum_{i=0}^{N}\frac{(B_i - C_i)}{(1+IRR)^i}$$

[N : 투자종료시점, B_i : i시점의 편익, IRR : 할인율, C_i : i시점의 비용]

56 ②　　　☑ 1회독 O △ X　☑ 2회독 O △ X

순현재가치 $= -1,000 + \dfrac{1,260}{(1+0.05)} = 200$

내부수익률(IRR) $= -1,000 + \dfrac{1,260}{(1+IRR)} = 0$ 으로부터

$IRR = 26\%$

편익-비용비율 $= \dfrac{\dfrac{1,260}{1.05}}{1,000} = \dfrac{1,200}{1,000} = 1.2$

57 ②　　　☑ 1회독 O △ X　☑ 2회독 O △ X

독점기업의 사적 비용함수가 $C(Q) = 2Q^2$ 이므로 사적 한계비용은 $4Q$ 이다. 한계피해액이 $2Q$ 이므로 사회적 한계비용은 $6Q$ 가 된다. $6Q = 140 - Q$ 로부터 $Q = 20$ 이 사회적 최적수준의 생산량이 된다. 부과해야 할 피구세는 사회적 최적생산량에 대한 한계피해액과 동일하므로 40이 된다.

계량경제학(3문항)

58 ②　　　☑ 1회독 O △ X　☑ 2회독 O △ X

오차항은 평균이 0인 정규분포를 가정한다.

더알아보기

결정계수(R^2)
- 종속변수의 총 변동에 대해 회귀모형에 의해서 설명되는 부분의 비율을 의미하는 것으로, 적합도 혹은 설명력을 의미한다.
- $R^2 = \dfrac{SSR}{SST} = 1 - \dfrac{SSE}{SST}$, 단 $0 \le R^2 \le 1$
- $R^2 = 1$: 종속변수와 설명변수 간에 완벽한 선형관계가 존재하여 표본회귀선이 표본자료를 잘 적합하고 있음을 의미한다.
- $R^2 = 0$: 종속변수와 설명변수 간에 선형관계가 없어 표본회귀선이 표본자료를 전혀 적합하지 못함을 의미한다.

59 ④　　　☑ 1회독 O △ X　☑ 2회독 O △ X

다중공선성을 분석할 때는 독립변수들 간 상관계수를 구하거나, 분산팽창인자 또는 상태지수를 구하여 판단한다.
⑤ 회귀계수의 유의성 검정은 T 검정, 회귀식 전체의 설명력에 대한 유의성 검정은 F 검정으로 확인한다.

60 ④　　　☑ 1회독 O △ X　☑ 2회독 O △ X

ㄱ. 표준오차는 표본평균의 표준편차를 의미하며 모분산을 표본의 양의 제곱근으로 나눈 값이다.
ㄷ. 모집단이 정규분포를 따르지 않아도 추출한 표본의 크기가 충분히 크다면 근사적으로 정규분포를 따른다. 이를 중심극한정리라고 한다.
ㄴ. 모집단이 정규분포를 따르면 표본평균의 분포는 반드시 정규분포를 따른다.

제3회 정답 및 해설

01	02	03	04	05	06	07	08	09	10
①	①	③	③	②	②	④	②	③	③
11	12	13	14	15	16	17	18	19	20
④	②	③	①	②	③	③	③	③	③
21	22	23	24	25	26	27	28	29	30
②	③	④	④	④	⑤	②	④	③	⑤
31	32	33	34	35	36	37	38	39	40
③	④	②	①	①	②	③	⑤	②	③
41	42	43	44	45	46	47	48	49	50
④	⑤	①	④	③	②	⑤	②	④	⑤
51	52	53	54	55	56	57	58	59	60
④	③	④	⑤	③	④	④	②	⑤	⑤

미시경제학(22문항)

01 ①

과일값이 하락하면 과일의 수요를 증대시킨다는 것은 가치판단이 개입되지 않고 있는 실증경제학의 내용이다. 한편 ②~⑤는 각각 후생손실 감소, 정보통신산업 발전, 고용증대, 아파트 가격폭등 방지 등이 이루어져야 한다는 가치판단을 전제로 하고 있으므로 규범경제학과 관련이 깊다.

더알아보기

규범경제학과 실증경제학

규범경제학	• 가치판단에 의해 어떤 경제 상태가 바람직하고 어떤 경제 상태가 바람직하지 못한가를 평가하고 그 개선방안을 연구하는 분야 • 현실의 경제상태를 개선하기 위해 어떤 경제정책을 실시하는 것이 바람직한 것인지에 대한 내용 포함
실증경제학	• 경제현상을 객관적으로 분석하고 경제변수들 간의 인과관계를 발견하여 경제현상의 변화를 예측하는 일련의 지식체계 • 가치판단이 개입되지 않으며, 객관적인 인과관계만 분석

02 ①

인과의 오류란 어떤 현상이 선후관계와 인과관계를 혼동하여 서로 무관한 사실을 관련짓는 오류를 의미한다. 구성의 오류란 어떤 원리가 부분에서는 성립하지만 이를 전체로 확장하면 성립하지 않는 경우 발생하는 오류를 의미한다. 강조의 오류란 문장의 어느 한 부분을 강조하여 발생하는 오류를 의미한다.

03 ③

유량변수는 일정 기간 동안 측정되는 변수로 국제수지가 이에 속한다.
①, ②, ④, ⑤ 실업률, 외환보유액, 물가, 환율은 특정 시점에 측정되는 저량변수이다.

더알아보기

유량변수와 저량변수

구 분	개 념	예 시
유량변수 (Flow)	일정기간에 측정되는 변수	국민소득, 국제수지, 수출입, 재정적자, 수요, 공급, 투자 등
저량변수 (Stock)	일정한 시점에 측정되는 변수	재산, 국부, 부채, 외채, 노동량, 자본량, 외환보유고, 물가, 환율, 주가, 통화량, 실업률 등

04 ③

상품가격의 하락(상승)은 수요곡선상의 점의 이동으로 나타난다. 구매자수의 증가는 수요곡선 자체를 오른쪽으로 이동시키는 요인이 된다.
① 열등재는 소득이 증가하면 수요가 감소하는 재화이다. 열등재도 수요의 법칙의 지배를 받기 때문에 대체재와 생산요소 가격 변동의 영향을 받는다.
② 초과수요는 수요곡선을 오른쪽으로 이동시켜 가격을 상승시킨다.
④ 생산요소가격의 하락은 공급곡선을 오른쪽으로 이동시킨다.
⑤ 가격이 상승할 것으로 예상되면 공급자는 가격이 오른 뒤에 판매하기 위해 현재는 공급을 줄이기 때문에 공급곡선이 왼쪽으로 이동한다.

05 ②

☑ 1회독 ○ △ × ☑ 2회독 ○ △ ×

기펜재는 소득이 감소하면 수요가 증가한다.
ㄱ. 기펜재는 가격이 하락하면 수요가 감소하는 재화이다.
ㄷ. 기펜재는 수요의 법칙을 따르지 않으므로 우상향한다.
ㄹ. 기펜재는 열등재의 한 종류이다.

06 ②

☑ 1회독 ○ △ × ☑ 2회독 ○ △ ×

임대료 규제, 분양가 규제의 경우 초과수요를 발생시키고 장기적으로는 공급부족이 확대된다.
①, ③, ④ 단기적으로는 상가 공급에 영향을 주지 않는다. 그러나 상가의 초과수요가 발생하면서 공급이 부족한 상황에 이른다. 시간이 지나면서 장기적으로 공급과 수요가 가격에 대하여 더욱 탄력적으로 반응하게 되면서 신규 공급이 감소하고 수요가 더욱 확대되어 공급부족 현상이 확대된다.
⑤ 초과수요가 발생함에 따라 공급자의 수요 유인을 위한 인센티브는 제시되지 않는다.

07 ④

☑ 1회독 ○ △ × ☑ 2회독 ○ △ ×

수요함수와 공급함수를 연립방정식을 세워 풀면 균형거래량이 60으로 구해진다.
$$100 - Q_D = -20 + Q_S \rightarrow Q^* = 60$$
공급자에게 보조금이 10만큼 지급됐으므로 공급곡선은 $P = -20 + Q_S - 10 = -30 + Q_S$로 바뀐다. 바뀐 공급함수와 수요함수를 연립하여 풀면 균형거래량은 65로 구해진다.
$100 - Q_D = -30 + Q_S \rightarrow Q^* = 65$일 때 후생손실의 크기는 $(65 - 60) \times 10 \div 2 = 25$가 된다.

> **더알아보기**
>
> **공급자에게 보조금을 지급한 후 후생변화**
>
>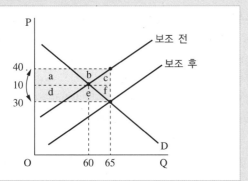
>
> 정부보조금 = a + b + c + d + e + f
> 소비자잉여 증가 = d + e
> 생산자잉여 증가 = a + b
> 사회적잉여 감소 = c + f

08 ②

☑ 1회독 ○ △ × ☑ 2회독 ○ △ ×

조세부과 시 소비자부담과 생산자부담은 기울기에 비례하므로 각 주체의 조세부담은 두 곡선의 기울기로 판단한다. 수요곡선 기울기의 기울기는 1, 공급곡선 기울기는 $\frac{1}{2}$이므로 소비자부담와 생산자부담의 비율은 2:1이 된다.
조세부과 전 시장의 균형가격을 구하기 위해 시장수요함수와 시장공급함수를 연립하면 조세부과 전 시장균형가격은 다음과 같다.
$$400 - P = 100 + 2P \rightarrow 3P = 300 \therefore P = 100$$
조세부과 전 시장균형가격이 $P = 100$이므로, 한 단위당 30의 종량세가 부과될 경우 소비자가 지불하는 가격은 120이 되고, 공급자가 받는 가격은 90이 된다.

09 ③

☑ 1회독 ○ △ × ☑ 2회독 ○ △ ×

효용극대화를 위한 한계효용균등의 조건 $\frac{MU_X}{P_X} = \frac{MU_Y}{P_Y}$가 성립하는 조합 중 소비량이 가장 많은 수량을 골라야 한다. 3단위의 X재와 2단위의 Y재를 구입하는 경우의 값을 한계효용균등의 조건에 대입하면 $\frac{6}{1} = \frac{18}{3}$이 성립한다.

> **더알아보기**
>
> **한계효용균등의 법칙**
> 소비자의 효용을 극대화시키기 위한 두 재화의 소비조합은 소비자가 1원당 얻는 한계효용이 두 재화에 대하여 서로 같아야 한다는 것이다. 이를 수식으로 나타내면 아래와 같다.
> $$\frac{MU_X}{P_X} = \frac{MU_Y}{P_Y}$$

정답 및 해설

10 ③ ☑ 1회독 ○ △ ✕ ☑ 2회독 ○ △ ✕

일반적으로 한계대체율은 체감하지만 체증하는 경우도 존재한다. 한계대체율이 체증하는 경우 무차별곡선은 원점에 대하여 오목한 형태로 나타난다.

더알아보기

무차별곡선의 형태

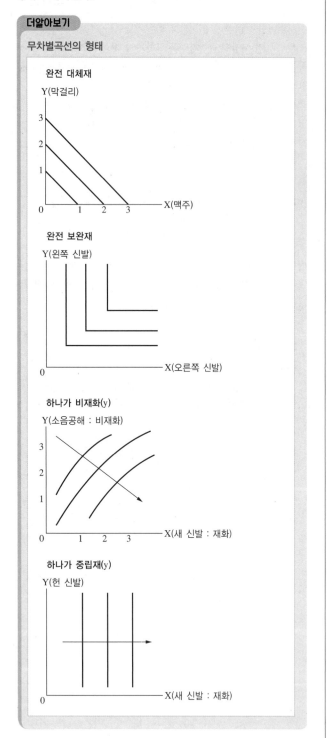

11 ④ ☑ 1회독 ○ △ ✕ ☑ 2회독 ○ △ ✕

$$기대효용 = 0.3 \times \{1,000 + 10 \times (-500)\}$$
$$+ 0.7 \times \{1,000 + 10 \times (1,000)\}$$
$$= -1,200 + 7,700 = 6,500$$

12 ② ☑ 1회독 ○ △ ✕ ☑ 2회독 ○ △ ✕

기대상금 $= 0.5 \times 1,000,000 + 0.5 \times 0 = 500,000$원, 기대효용 $= 0.5 \times 10 \times \sqrt{1,000,000} + 0.5 \times 10 \times \sqrt{0} = 5,000$. 확실성등가는 복권을 구입할 때의 기대효용과 동일한 수준의 화폐규모를 의미하므로 '$10\sqrt{M} = 5,000$(기대효용)'으로부터 250,000원으로 구해진다. 위험프리미엄은 기대상금에서 확실성등가를 차감한 250,000원이 된다.

13 ③ ☑ 1회독 ○ △ ✕ ☑ 2회독 ○ △ ✕

생산의 단기와 장기는 시간의 장·단이 아닌, 생산에 투입하는 요소가 고정되어 있는가에 따라 구분된다. 모든 투입요소가 가변적인 경우를 장기라고 하며, 고정요소가 한 개 이상이면 단기라고 한다. 투입요소가 노동과 자본이라고 할 때 일반적으로 단기에는 노동만 변화시킬 수 있다고 가정하며, 자본은 고정요소로 본다.

더알아보기

생산함수의 특징
생산함수의 변수들은 일정 기간 동안 측정되는 유량변수이다. 일반적으로 생산함수는 $Q = Af(L, K)$로 정의할 수 있으며 여기서 A, L, K는 각각 기술수준, 노동, 자본을 의미한다. 기술수준이 향상되면 생산함수가 상방으로 확장되면서 기술향상 이전과 동일한 노동과 자본을 투입했을 때의 생산량보다 많은 생산을 나타낸다.

14 ① ☑ 1회독 ○ △ ✕ ☑ 2회독 ○ △ ✕

한계비용은 감소하다가 극소점을 지난 후 증가하게 되는데 평균비용은 한계비용 극소점을 지나 증가할 때까지 감소하다가 한계비용과 일치하는 점에서 가장 낮고 이후 다시 증가한다. 즉, 한계비용이 증가하는 구간에서 평균비용은 감소하다가 다시 증가하게 된다.

더알아보기

총비용, 총가변비용에 따른 한계비용, 평균비용, 평균가변비용의 관계

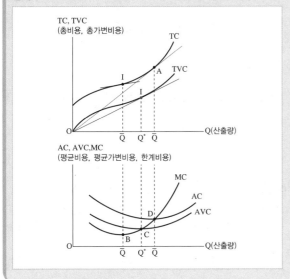

15 ②

☑ 1회독 ○ △ ✕　☑ 2회독 ○ △ ✕

손익분기점 생산량은 총수입과 총비용이 일치하는 수준의 생산량을 의미한다. 총수입 = $9,000Q$, 총비용은 고정비용과 가변비용의 합으로, 600만 + $3,000Q$가 된다. 두 식으로부터 $Q= 1,000$이 된다.

16 ③

☑ 1회독 ○ △ ✕　☑ 2회독 ○ △ ✕

평균비용이 지속적으로 하락하는 규모의 경제는 완전경쟁시장에서 발생할 수 없다.

더알아보기

완전경쟁기업의 이윤극대화 조건
- 단기에 완전경쟁시장에서는 다음과 같은 관계가 성립한다.
  - 가격·한계수입·평균수입의 관계
    $P= MR= AR$
  - 이윤극대화 조건
    $P= MC$
  - 이윤극대화점에서의 관계(기업의 균형조건)
    $P= AR= MR= MC$
- 이윤의 의미
  - 정상이윤이란 '초과이윤=0'인 상태로, '$P=AC$'인 상태이다.
  - '$P > AC$'이면 '이윤 > 0' 즉 초과이윤이 존재한다.
  - '$P < AC$'이면 손실 상태이다.

17 ③

☑ 1회독 ○ △ ✕　☑ 2회독 ○ △ ✕

시장을 구분하여 가격을 책정하는 것은 제3급 가격차별에 해당한다. 제3급 가격차별을 실시할 때 두 시장을 각각 1, 2라고 한다면 독점기업의 이윤극대화 조건은 $MR_1 = MR_2 = MC$이다.

$MR= P\left(1-\dfrac{1}{\varepsilon_p}\right)$ 이므로　$MR_1 = P_1\left(1-\dfrac{1}{\varepsilon_p^1}\right)$ 에서

$100= P_1\left(1-\dfrac{2}{3}\right)$ 이므로　$P_1 = 300$ 이고

마찬가지 방법으로 $P_2= 200$ 으로 구할 수 있다.

18 ③

☑ 1회독 ○ △ ✕　☑ 2회독 ○ △ ✕

베르뜨랑 모형에서 이윤극대화 가격은 한계비용과 일치하는 수준에서 결정된다. 따라서 역수요 $120 - Q_D= 30$ 으로부터 $Q_D= 90$, $P= 30$ 을 구할 수 있다.

19 ③

☑ 1회독 ○ △ ✕　☑ 2회독 ○ △ ✕

① 독점시장에서는 장기에도 진입장벽으로 인하여 진입이 불가능하다.
② 독점시장에서 단기 균형점에서의 가격은 평균비용보다 일반적으로 높으나, 높지 않을 수도 있어 손실을 볼 수도 있다.
④ 독점적 경쟁시장에서는 장기 균형점에서의 가격이 평균비용과 같다.
⑤ 과점시장에서는 경쟁이 발생하며 대표적으로 수량경쟁, 가격경쟁모형을 들 수 있다.

20 ③

☑ 1회독 ○ △ ✕　☑ 2회독 ○ △ ✕

이윤극대화하는 요소가격 수준은 $w= VMP_L= P\times MP_L$ 이므로 $500= P(200-2L)$ 이 성립한다. 이 식에 $L= 50$ 을 대입하면 $100P= 500$, $P= 5$ 를 구할 수 있다.

21 ②

☑ 1회독 ○ △ ✕　☑ 2회독 ○ △ ✕

1분위와 2분위 소득의 합 250만 원을 5분위 500만 원으로 나눈 0.5가 된다.

더알아보기

십분위분배율 = $\dfrac{\text{최하위 40\%의 소득점유율}}{\text{최상위 20\%의 소득점유율}}$

22 ③   ☑ 1회독 ○ △ ×   ☑ 2회독 ○ △ ×

공공재는 정부에 의해 일반적으로 공급되지만 소비자의 선호 등에 의해 사적 공급이 이뤄질 수 있다.

더알아보기

공공재의 개념

구 분	경합성	비경합성
배제성	사유재 예 휴대폰, 음식	클럽재 예 케이블 TV, 수도
비배제성	공유자원 예 공유수면	공공재 예 국방, 지상파 TV

- 비경합성 : 한 사람의 추가적 소비에 따라 혼잡문제가 발생하지 않는 성질
- 비배제성 : 재화 생산에 대한 기여 여부에 관계 없이 소비가 가능한 성질, 즉 비용을 지불하지 않았다고 해서 소비에서 배제할 수 없는 성질

거시경제학(22문항)

23 ④   ☑ 1회독 ○ △ ×   ☑ 2회독 ○ △ ×

정부가 지급하는 실업수당, 상속 및 증여, 기존주택 거래 등의 이전거래는 GDP에 포함되지 않는다.

더알아보기

GDP 추산에서 대표적으로 제외되는 항목

주부의 가사노동, 기업의 중간재(원료, 원자재)구입, 정부의 이전지출, 지하경제(밀수, 도박 등)

24 ③   ☑ 1회독 ○ △ ×   ☑ 2회독 ○ △ ×

$$GDP_{2020}\text{디플레이터} = \frac{\text{명목}GDP_{2020}}{\text{실질}GDP_{2020}} \times 100$$

$$\text{명목}GDP_{2020} = 70 \times 140 + 110 \times 80$$
$$= 9,800 + 8,800 = 18,600$$

$$\text{실질}GDP_{2020} = 60 \times 140 + 100 \times 80$$
$$= 8,400 + 8,000 = 16,400$$

따라서 위의 공식에 대입해보면 2020년 GDP디플레이터는 다음과 같다.

$$GDP_{2020}\text{디플레이터} = \frac{18,600}{16,400} \times 100 ≒ 113.41$$

25 ④   ☑ 1회독 ○ △ ×   ☑ 2회독 ○ △ ×

주어진 모형은 개방경제에서 비례세가 존재하는 모형이다. 비례세가 존재하는 경우의 정부지출승수

$$= \frac{1}{1 - MPC(1 - \text{비례소득세율}) + \text{한계수입성향}}$$

$$= \frac{1}{1 - 0.5(1 - 0.3) + 0.1} = \frac{1}{0.75} = \frac{4}{3} \text{가 된다.}$$

정부지출이 300만큼 증가했으므로 $300 \times \left(\frac{4}{3}\right) = 400$만큼 국민소득이 증가한다.

26 ⑤   ☑ 1회독 ○ △ ×   ☑ 2회독 ○ △ ×

ㄱ. 쿠즈네츠는 실증분석을 통하여 장기적으로 평균소비성향과 한계소비성향이 같아짐을 밝혀 절대소득가설이 성립하지 않음을 보였다.

ㄷ. 상대소득가설은 타인의 소비를 반영한 심리에 기초하고 있다.

ㄹ. 생애주기가설과 항상소득가설은 전 생애에 걸쳐 일정한 소비를 하고자 하는 소비자의 특성을 반영한다.

ㄴ. 항상소득가설에서 평균소비성향은 $\frac{C}{Y} = \frac{kY^P}{Y^P + Y^T}$로 정의되므로 임시소득이 일시적으로 항상소득보다 커지면 소비에 변함이 없고 전체소득만 증가하므로 평균소비성향이 일시적으로 감소한다.

27 ②   ☑ 1회독 ○ △ ×   ☑ 2회독 ○ △ ×

$$\text{투자안의 현재가치} = \frac{1,100}{1 + 0.1} + \frac{1,210}{(1 + 0.1)^2}$$
$$= 1,000 + 1,000 = 2,000\text{만 원}$$

더알아보기

현재가치법

미래가치를 현재가치로 환산하는 것을 할인이라고 하며, 이때 사용하는 이자율을 할인율이라고 한다. 이자율이 일정하면 미래수익의 현재가치는 $\sum_{n=0}^{N} \frac{R_n}{(1+r)^n}$으로 정의되며, 현재가치를 비교하여 투자 여부를 결정하는 방법을 현재가치법이라고 한다.

28 ④ ☑1회독 ○△× ☑2회독 ○△×

기존의 화폐수량설이 화폐에 대한 공급이론이었던 데 반해 화폐에 대한 수요이론적인 측면이 강하다. ·
①, ② 프리드먼이 고전적 화폐수량설을 발전시킨 것으로, 화폐수요는 각 개인이 보유한 자산의 제약을 받고 인플레이션, 물가수준 등의 영향을 받는다고 보았다.
③ 전체 자산에서 인적자산이 증가할수록 유동성 확보를 위하여 화폐수요가 증가한다고 보았다.
⑤ 신화폐수량설에서 화폐수요의 결정요인은 항상소득이다.

29 ③ ☑1회독 ○△× ☑2회독 ○△×

정부나 중앙은행이 금리를 낮추거나 시중에 통화를 풀어도 경기가 위축되는 경우를 유동성함정이라고 하며, 이는 미래에 대한 어두운 경제 전망으로 실물자산보다는 현금자산을 더욱 선호할 때 나타난다.

30 ⑤ ☑1회독 ○△× ☑2회독 ○△×

중앙은행이 환율하락을 방지하기 위해 외환시장에 개입하는 경우 달러는 매입하고 원화를 매도하기 때문에 본원통화는 증가하게 된다.

> **더알아보기**
>
> **본원통화의 구성**
>
> | 본원통화 | | |
> |---|---|---|
> | 현금통화
(민간보유현금) | 지급준비금 | |
> | 현금통화
(민간보유현금) | 시재금
(초과지급준비금) | 지급준비예치금 |
> | 화폐발행액 | | 지급준비예치금 |

31 ③ ☑1회독 ○△× ☑2회독 ○△×

③, ④ 국채매각에 따라 국채공급이 증가하므로 국채가격이 하락하고 가격과 역의 관계에 있는 국채의 시장이자율은 상승하게 된다.
① 국채의 매각은 본원통화의 감소를 의미한다.
② 본원통화의 감소에 따라 통화량은 감소한다.
⑤ 국채매각은 국채공급곡선을 우측으로 이동시키며 국채공급을 증가시키나, 국채수요곡선 자체를 우측으로 이동시키지는 않는다. 국채공급 증가로 인한 국채가격 하락에 따라 국채수요량은 증가한다. 수요량과 수요를 혼동하지 않도록 한다.

32 ④ ☑1회독 ○△× ☑2회독 ○△×

카드결제의 비중이 높아지면 현금보유비율이 감소하면서 통화승수가 커지게 되어 통화량이 증가한다.
①, ⑤ 현금보유량 또는 현금인출을 늘리면 현금보유비율이 높아져 통화승수가 작아짐에 따라 통화량이 감소한다.
② 자기자본비율을 높이기 위해 대출을 줄이면 통화량이 감소한다.
③ 법정지급준비율이 높아지면 통화승수가 작아져 통화량이 감소한다.

> **더알아보기**
>
> $$BIS\ 자기자본비율 = \frac{자기자본}{위험가중자산} \times 100$$

33 ② ☑1회독 ○△× ☑2회독 ○△×

물가가 상승하면 실질통화량이 감소하여 LM곡선이 좌측으로 이동한다.
① 중앙은행이 달러를 매각하면 본원통화가 감소하므로 LM곡선이 좌측으로 이동한다.
③ 정부가 국채를 매도하면 통화량이 감소하여 LM곡선이 좌측으로 이동한다.
④ 법정지급준비율이 인상되면 통화량이 감소하여 LM곡선이 좌측으로 이동한다.
⑤ 통화량이 감소하면 LM곡선은 좌측으로 이동한다.

> **더알아보기**
>
> LM곡선의 도출
> 화폐시장의 균형을 나타내는 이자율과 국민소득의 조합이다.
> - 실질화폐수요함수 : $\frac{M^D}{P} = L(Y, r) = kY - hr,\ k > 0,\ h > 0$
>   (단, k = 화폐수요의 소득탄력성, h = 화폐수요의 이자율탄력성)
> - 실질화폐공급함수 : $\frac{M^S}{P} = \frac{M_0}{P}$ (통화공급량은 M_0으로 고정되어 있다고 가정)
> - 화폐시장 균형조건 : $\frac{M^D}{P} = \frac{M^S}{P} \rightarrow kY - hr = \frac{M_0}{P}$
> - 화폐시장의 균형조건을 r에 대하여 정리하면 LM곡선을 도출할 수 있다.
> $$r = -\frac{M_0}{Ph} + \frac{k}{h}Y$$
> LM곡선의 기울기 : $\frac{k}{h}$

정답 및 해설

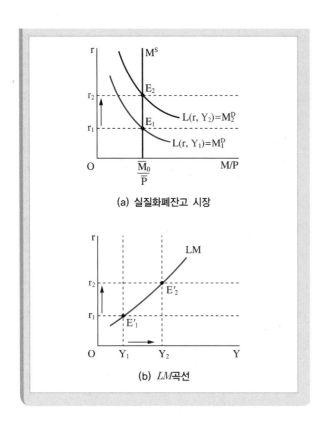

(a) 실질화폐잔고 시장

(b) *LM*곡선

34 ①

☑ 1회독 ○ △ ×   ☑ 2회독 ○ △ ×

정부지출이 증가하면 *IS*곡선이 우측으로 이동하고 통화량이 감소하면 *LM*곡선이 좌측으로 이동하면서 국민소득의 변화는 알 수 없지만 이자율 상승은 분명히 나타난다.

더알아보기

생산물시장과 화폐시장의 동시균형

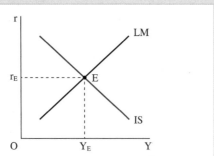

*IS*곡선과 *LM*곡선이 교차하는 점에서 생산물시장과 화폐시장의 동시균형이 달성되며, 이 점에서 균형이자율과 균형국민소득이 결정된다.

35 ①

☑ 1회독 ○ △ ×   ☑ 2회독 ○ △ ×

ㄱ. 지불준비율이 인하되면 통화승수가 커지고 통화량이 증가하므로 총수요가 증가한다.

ㄷ. 정부지출이 증대되면 총수요가 증가한다.

ㄴ. 공개시장에서 채권을 매각하면 본원통화가 감소하여 통화량이 감소한다. 통화량이 감소하면 총수요가 감소한다.

ㄹ. 재할인율이 인상되면 예금은행의 대출 감소에 따른 본원통화가 감소하여 통화량이 감소한다. 통화량이 감소하면 총수요가 감소한다.

36 ②

☑ 1회독 ○ △ ×   ☑ 2회독 ○ △ ×

양도소득세제는 자동안정화장치에 해당하지 않는다.

더알아보기

자동안정화장치
- 개념 : 경기변동 시 자동적으로 정부지출이나 조세수입이 변화하여 경기변동의 진폭을 완화시키는 제도적 장치를 의미한다.
- 예시 : 조세제도로는 누진소득세와 법인세가 해당되고 사회보장제도로는 실업급여, 기초생활보장제, 근로장려세제 등이 해당된다.

37 ③

☑ 1회독 ○ △ ×   ☑ 2회독 ○ △ ×

생산가능인구가 1억 명, 취업자 수가 7천 2백만 명이므로 고용률은 다음과 같다.

- 고용률 $= \dfrac{\text{취업자 수}}{\text{생산가능인구}} \times 100(\%)$

$= \dfrac{\text{7천 2백만 명}}{\text{1억 명}} \times 100(\%) = 72\%$

경제활동인구 8천만 명 중 취업자 수가 7천 2백만 명이므로 실업자 수는 8백만 명이고, 실업률은 다음과 같다.

- 실업률 $= \dfrac{\text{실업자 수}}{\text{경제활동인구}} \times 100(\%)$

$= \dfrac{\text{8백만 명}}{\text{8천만 명}} \times 100(\%) = 10\%$

38 ⑤   ☑ 1회독 ○ △ ×   ☑ 2회독 ○ △ ×

화폐의 중립성이 성립하는 경우 인플레이션이 발생하면 화폐의 실질구매력은 감소되지만 사람들의 소득은 비례적으로 증가하므로 사람들의 생활수준은 변하지 않는다.

더알아보기

인플레이션의 종류

종 류	개 념
초인플레이션	물가상승이 1년에 수백에서 수천 퍼센트를 기록하는 인플레이션
스태그플레이션	경제활동이 침체되고 있음에도 불구하고 지속적으로 물가가 상승되는 상태가 유지되는 저성장·고물가 상태
애그플레이션	농업(Agriculture)과 인플레이션(Inflation)이 결합된 단어로 농산물의 부족으로 인한 농산물가격의 급등으로 야기되는 인플레이션
에코플레이션	환경(Ecology)과 인플레이션(Inflation)의 합성어로 환경적 요인에 의해 야기되는 인플레이션

39 ②   ☑ 1회독 ○ △ ×   ☑ 2회독 ○ △ ×

ㄱ. 부(-)의 공급충격 발생은 단기총공급곡선을 좌측으로 이동시키면서 단기필립스곡선을 우측으로 이동시킨다.

ㄷ. 적응적 기대(자연실업률가설)에 따르면 확장적 거시경제정책은 실업률을 낮추고 인플레이션율을 상승시키면서 단기에 필립스곡선상의 점의 이동으로 나타나게 되지만 장기에는 자연실업률수준에서 수직이 되는 장기필립스곡선이 도출된다.

ㄴ. 기대인플레이션율의 상승은 단기필립스곡선을 우측으로 이동시킨다.

ㄹ. 합리적 기대에 따르면 확장적 거시경제정책에 대하여 예상치 못한 정책의 경우 단기적으로 인플레이션율을 높이면서 실업률을 낮출 수 있지만 장기적으로는 인플레이션만 상승하게 된다. 예상된 확장적 거시경제정책은 실업률에 영향을 미치지 못하고 인플레이션만 높이게 된다.

더알아보기

적응적 기대와 합리적 기대에 따른 확장적 거시경제정책의 효과

구 분		내 용
적응적 기대		단기에 실업률 하락 장기에 인플레이션율만 상승
합리적 기대	예상치 못한 정책	단기에 실업률 하락 장기에 인플레이션율만 상승
	예상된 정책	단기, 장기 상관없이 인플레이션율만 상승

40 ③   ☑ 1회독 ○ △ ×   ☑ 2회독 ○ △ ×

필립스곡선의 기울기가 $0.5 \left(= \dfrac{1}{2} \right)$ 라는 것은 인플레이션율을 1%p 낮추기 위해서 실업률이 2%p 상승해야 함을 의미한다.

① 완전고용 실업률은 자연실업률을 의미하는데 자연실업률은 인플레이션율과 기대인플레이션율이 같을 때의 실업률이므로 필립스곡선식 우변의 두 번째항이 0이 되어야 한다. 이때 u는 0.03이어야 하므로 장기 실업률은 3%가 된다.

② 장기의 인플레이션율은 완전고용상태에서의 인플레이션율을 의미하므로 실업률이 자연실업률 0.03과 동일할 때의 인플레이션율은 0.02, 2%가 된다.

⑤ 완전고용수준에서의 실업률은 자연실업률 0.03인데 완전고용보다 낮은 수준의 고용상태에서는 실업률이 자연실업률보다 높다. 따라서 인플레이션율은 2%(0.02)보다 낮은 수준을 유지한다.

41 ④   ☑ 1회독 ○ △ ×   ☑ 2회독 ○ △ ×

케인즈학파와 통화주의학파 모두 적응적 기대를 수용한다.

42 ⑤   ☑ 1회독 ○ △ ×   ☑ 2회독 ○ △ ×

효율성임금이란 노동의 평균생산성이 극대화되는 실질임금을 의미한다. 기업은 시장의 균형임금보다 높은 효율성임금을 지급함으로써 역선택, 도덕적 해이 등을 방지할 수 있게 되어 이윤이 증가한다. 그러나 기업들이 시장의 균형임금보다 높은 효율성임금을 지급하면 비자발적 실업이 발생한다.

43 ①   ☑ 1회독 ○ △ ×   ☑ 2회독 ○ △ ×

생산자제품재고지수는 경기후행지수를 나타낸다.

더알아보기

경기종합지수

- 선행종합지수
구인구직비율, 재고순환지표, 소비자기대지수, 기계류 내수출하지수, 건설수주액, 수출입물가비율, 코스피지수, 장단기금리차
- 동행종합지수
비농림어업취업자수, 광공업 생산지수, 서비스업 생산지수, 소매판매액지수, 내수출하지수, 건설기성액, 수입액
- 후행종합지수
상용근로자수, 생산자제품재고지수, 도시가계소비지출, 소비재수입액, 회사채유통수익률

정답 및 해설

44 ④　☑ 1회독 ○ △ ✕　☑ 2회독 ○ △ ✕

해로드–도마(Harrod-Domar) 성장모형에서 성장조건은 외생적으로 결정된다.

> **더알아보기**
>
> **해로드–도마 성장모형**
> 케인지의 이론을 바탕으로 동태적 경제성장의 조건을 제시한 이론이다. 자본과 노동의 대체관계가 불가능하며, 완전고용을 달성하는 균형성장의 조건은 '경제성장률 = 인구증가율', $\dfrac{저축률}{자본계수}$ = 인구증가율'이다. 경제성장을 위해서는 인구증가율과 저축률이 높고 자본계수$\left(\dfrac{자본}{총생산}\right)$는 작아야 한다. 이 모형에서 저축률, 인구증가율, 자본계수는 모두 외생적으로 결정된다.

국제경제학(10문항)

45 ③　☑ 1회독 ○ △ ✕　☑ 2회독 ○ △ ✕

자본이 상대적으로 풍부한 B국은 자본집약적인 상품생산에 특화하기 때문에 자본에 대한 수요가 증가하여 이자가 상승하고, 노동수요는 감소하여 임금은 하락한다. 반면 노동이 상대적으로 풍부한 A국은 노동집약적인 상품생산에 특화하기 때문에 노동에 대한 수요가 증가하여 임금이 상승하고, 자본수요는 감소하여 이자는 하락한다.

46 ②　☑ 1회독 ○ △ ✕　☑ 2회독 ○ △ ✕

2차 세계대전 직후 미국의 노동자 1인당 자본장비율이 다른 나라보다 높았다. 즉 자본집약적이었다. 레온티에프 역설은 당시 미국이 자본집약적이었는데, 자본집약재를 수출하지 않고 노동집약적인 재화를 수출했다는 것에 의문을 제기한 것이다.

47 ⑤　☑ 1회독 ○ △ ✕　☑ 2회독 ○ △ ✕

비교우위만 존재하는 경우 산업 내 무역은 발생할 수 없다.
① 산업 간 무역은 서로 다른 재화를 생산하는 산업의 본국과 외국 간의 무역을 의미하고, 산업 내 무역은 동일한 재화를 생산하는 산업의 본국과 외국 간의 무역을 의미한다.
② 산업 간 무역은 비교우위에 의해 발생하고, 규모의 경제, 불완전 경쟁에 의해 산업 내 무역이 발생한다.
③, ④ 산업 간 무역과 산업 내 무역 모두 무역의 이익을 발생시킨다.

48 ②　☑ 1회독 ○ △ ✕　☑ 2회독 ○ △ ✕

①, ② 무역이 발생하면 폐쇄경제일 때보다 수출국의 생산자잉여가 증가하고 소비자잉여는 감소하면서 전체 사회후생이 증가한다.
③, ④, ⑤ 상대국이 수입관세를 부과하거나 수입물량을 제한하면 수출물량이 줄어들면서 수출국의 생산자의 이익(생산자잉여)은 감소하는 반면 소비자의 이익(소비자잉여)은 증가한다.

> **더알아보기**
>
> 폐쇄경제와 개방경제의 부분균형분석에 따른 경제적 후생
>
>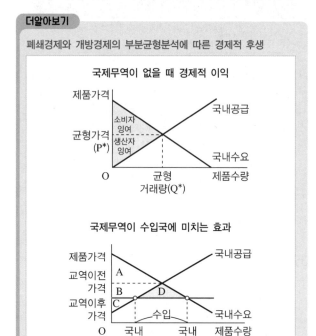

49 ②　☑ 1회독 ○ △ ✕　☑ 2회독 ○ △ ✕

관세부과 후 가격은 900이 되므로 $P = 900$을 공급함수와 수요함수에 대입하면, 공급량 = 50, 수요량 = 1,700, 수입량 = 1,650이다. 단위당 200의 관세가 부과되므로 관세수입 = 1,650 × 200 = 330,000이다.

50 ③

해당 설명은 공동시장에 대한 설명이다.

더알아보기

경제통합의 유형	
자유무역지대	가맹국 간 무역에 대하여 관세와 양적 규제를 철폐하지만 비가맹국과의 무역에 대해서는 독립적으로 무역장벽을 유지하는 형태
관세동맹	가맹국 간 재화 이동에 대한 차별 철폐 외에 비가맹국에 대해서는 공동의 관세를 부과하는 형태
공동시장	가맹국 간 재화 이동 및 요소이동의 규제를 철폐하는 형태
경제동맹	관세철폐와 생산요소의 자유로운 이동과 함께 가맹국 간 재정정책, 금융정책의 상호협조가 이루어지는 형태

51 ④

절대력 구매력평가설에서 $P = eP_f$가 성립하므로, 실질환율 $q = \dfrac{eP_f}{P}$는 1이 된다. 또한 상대적 구매력평가설에 의하면 $\dot{e} = \dot{P} - \dot{P_f}$가 성립하므로, 한국과 미국의 내년도 인플레이션율이 각각 5%, 3%라면 환율은 2%로 상승한다. 따라서 예상되는 내년도 환율은 1,100 + 22 = 1,122원/달러가 된다.

더알아보기

구매력평가설
- 가정 : 국제적으로 일물일가의 법칙이 성립한다.
- 환율결정 : 환율은 양국통화의 구매력에 의하여 결정된다.
- 환율변화 : 양국의 인플레이션율 차이만큼 환율이 변화한다.

$$\frac{de}{e} = \frac{dP}{P} - \frac{dP_f}{P_f}$$

($\dfrac{de}{e}$: 환율상승률, $\dfrac{dP}{P}$: 자국의 물가상승률, $\dfrac{dP_f}{P_f}$: 외국의 물가상승률)

이자율평가설
- 국가 간 자본이동이 완전하고, 세금 및 거래비용 등이 존재하지 않는다고 가정한다.
- 국내투자수익률과 해외투자수익률이 같아질 때까지 자본이동이 이루어지므로 균형에서는 국내외에서의 투자수익률과 동일하다.

$$r = r_f + \frac{\Delta e}{e} \;\rightarrow\; \frac{\Delta e}{e} = r - r_f$$

(r : 국내투자수익률, $r_f + \dfrac{\Delta e}{e}$: 해외투자수익률(= 해외이자율 + 환율상승률))

- 자본통제와 같은 제도적 제약이 존재하거나 거래비용으로 인해 국가 간 자본이동성이 완전하지 못하면 이자율평가설이 성립하지 않는다.

52 ③

대규모의 자본유출에 따라 외환의 공급이 감소하면서 환율이 상승하게 된다. 중앙은행은 보유하고 있는 외환을 매도하여 환율을 유지하려고 한다. 이때 외환의 매각으로 통화량이 감소함에 따라 국채를 매입하는 공개시장조작을 하게 된다.

53 ④

실질환율이 상승하면 장기적으로는 경상수지가 개선되는 현상을 나타낸다.

더알아보기

J-curve효과
단기에 수출입수요가 가격에 비탄력적이고 장기로 갈수록 가격탄력적이기 때문에 실질환율이 상승하면 즉각적인 경상수지 적자를 나타낸 후 점차 흑자로 전환되어 장기적으로 경상수지가 개선되는 현상을 말한다.

54 ⑤

⑤ LM곡선이 우측으로 이동($LM_1 \rightarrow LM_2$) → 이자율 하락 → 자본유출 → 통화량 감소 → LM곡선 좌측이동($LM_2 \rightarrow LM_1$) → Y(산출량)불변, i(이자율)불변

① 변동환율제도에서 확대재정정책의 새로운 균형은 A이다.

> IS곡선이 우측으로 이동($IS_1 \rightarrow IS_2$) → 국제수지 흑자 → 평가절상 → 순수출 감소 → IS곡선이 좌측으로 이동($IS_2 \rightarrow IS_1$) → Y(산출량)불변, i(이자율)불변

②・④ 변동환율제도에서 확대금융정책의 새로운 균형은 C이다.

> LM곡선이 우측으로 이동($LM_1 \rightarrow LM_2$) → 국제수지 적자 → 평가절하 → 순수출 증가 → IS곡선이 우측으로 이동($IS_1 \rightarrow IS_2$) → Y(산출량)증가, i(이자율)불변

③ 고정환율제도에서 확대재정정책의 새로운 균형은 C이다.

> IS곡선이 우측으로 이동($IS_1 \rightarrow IS_2$) → 이자율 상승 → 자본유입 → 통화량 증가 → LM곡선이 우측으로 이동($LM_1 \rightarrow LM_2$) → Y(산출량)증가, i(이자율)불변

재정학(3문항)

55 ③ ☑ 1회독 ○ △ ✕ ☑ 2회독 ○ △ ✕

재산세는 지방자치단체의 세수이다.

> **더알아보기**
>
> 우리나라의 국세
> 소득세, 법인세, 상속·증여세, 부가가치세, 개별소비세, 주세, 증권거래세, 교통·에너지·환경세, 방위세, 교육세, 농어촌특별세, 종합부동산세

56 ④ ☑ 1회독 ○ △ ✕ ☑ 2회독 ○ △ ✕

근로소득세를 부과하면 소득효과에 의해 저축을 감소시키게 된다.
① 상대가격의 변화로 인하여 저렴해진 재화의 구입을 늘리는 것이 대체효과이다. 비례소득세 부과 시 대체효과는 여가의 상대가격을 하락시켜 여가를 증가시킨다.
② 상대가격 변화를 배제하고 소득만의 변화에 따라 수요량의 변화가 나타나는 것이 소득효과이다. 비례소득세 부과 시 실질소득의 감소는 여가를 감소시켜 노동시간을 증가시킨다.
③ 누진소득세 부과는 고소득자에게 불리한데 고소득자일 경우 여가의 상대가격이 크게 하락하기 때문이다.
⑤ 초과부담은 대체효과 때문에 발생하는 것인데 근로소득세를 부과할 경우에도 대체효과는 나타난다.

57 ④ ☑ 1회독 ○ △ ✕ ☑ 2회독 ○ △ ✕

대체효과가 소득효과보다 크다면 저축이 감소한다. 이자소득세 부과는 이자율 하락의 효과를 가진다. 소득효과 측면에서는 이자율 하락으로 실질소득이 감소하여 현재소비와 미래소비가 모두 감소한다. 대체효과 측면에서는 현재소비의 상대가격 하락, 또는 미래소비의 상대가격 인상으로 인해 현재소비가 증가하고 저축이 감소하며 미래소비가 감소한다. 따라서 대체효과가 더 크다면 저축이 감소한다. 상대가격의 변화를 초래하므로 초과부담이 발생한다.

계량경제학(3문항)

58 ② ☑ 1회독 ○ △ ✕ ☑ 2회독 ○ △ ✕

오차항 ε_i의 분산은 0일 필요는 없고, σ^2으로 동일한 분산을 지니게 되는데 이 가정을 동분산 또는 균분산 가정이라고 한다.

> **더알아보기**
>
> 단순선형회귀모형의 회귀방정식
> $\hat{y} = a + bx$라고 할 때
> $$a = \overline{Y} - b\overline{X} = (x - \overline{X}) + \overline{Y}, \quad b = \frac{\sum(x_i - \overline{X})(y_i - \overline{Y})}{\sum(x_i - \overline{X})^2} = r\frac{S_y}{S_x}$$
> 단, $\overline{X}$, $\overline{Y}$: 표본평균, S_x, S_y : 표준편차, $r =$ 상관관계

59 ⑤ ☑ 1회독 ○ △ ✕ ☑ 2회독 ○ △ ✕

자료의 변화에 대하여 OLS 추정량과 표준오차가 민감하게 나타난다.

> **더알아보기**
>
> 다중공선성의 제거 방안
> • 횡단면 자료와 시계열 자료를 결합한다.
> • 자료를 변환한다.
> • 추가적 자료를 수집한다.
> • 선험적 정보를 활용한다.
> • 매우 공선적인 변수는 생략한다.

60 ⑤ ☑ 1회독 ○ △ ✕ ☑ 2회독 ○ △ ✕

모분산이 주어지지 않았지만 $n = 100$으로 $n \geq 30$인 대표본이므로 $\sigma^2 = s^2$이 된다. 표본표준편차 s가 8로 주어졌기 때문에 모표준편차 σ 대신 s를 이용하여 모분산을 알고 있는 경우 모평균(μ)의 신뢰구간 계산 공식으로 추정할 수 있다.

$$\overline{x} - z_{\frac{\alpha}{2}}\frac{\sigma}{\sqrt{n}} \leq \mu \leq \overline{x} + z_{\frac{\alpha}{2}}\frac{\sigma}{\sqrt{n}}$$

$n = 100$, $\overline{x} = 40$, $s = 8$

95% 신뢰구간이므로 $\alpha = 1 - 0.95 = 0.05$, $z_{\frac{\alpha}{2}} = z_{0.025} = 1.96$

각 값을 위의 신뢰구간 계산 공식에 대입하면,

$$40 - 1.96\frac{8}{\sqrt{100}} \leq \mu \leq 40 + 1.96\frac{8}{\sqrt{100}}$$

$$40 - 1.568 \leq \mu \leq 40 + 1.568$$

$$38.432 \leq \mu \leq 41.568$$

좋은 책을 만드는 길
독자님과 함께하겠습니다.

도서에 궁금한 점, 아쉬운 점, 만족스러운 점이
있으시다면 어떤 의견이라도 말씀해 주세요.
시대고시기획은 독자님의 의견을 모아 더 좋은 책으로 보답하겠습니다.

www.sidaegosi.com

2022 공기업 전공필기 경제학

최신기출 + 실제유형 모의고사 3회분 + 핵심개념노트 PASSCODE

초 판 발 행	2022년 02월 04일
초 판 인 쇄	2022년 01월 19일
발 행 인	박영일
책 임 편 집	이해욱
저 자	SD공사공단연구소
편 집 진 행	김준일 · 김은영 · 이보영
표지디자인	이미애
편집디자인	이은미 · 하한우
발 행 처	(주)시대고시기획
출 판 등 록	제10-1521호
주 소	서울시 마포구 큰우물로 75 [도화동 538 성지 B/D] 9F
전 화	1600-3600
팩 스	02-701-8823
홈 페 이 지	www.sidaegosi.com
I S B N	979-11-383-1683-5 (13320)
정 가	16,000원

공기업 전공필기 경제학 핵심개념노트 120선

학습가이드

1. 시험에 자주 나오는 핵심키워드를 살펴보고, 그 개념을 먼저 머릿속으로 생각해보세요.

2. 개념정리 내용을 읽어보면서 확실히 알고 있는 용어는 O, 헷갈리는 용어는 △, 모르는 용어는 X에 체크하세요(최소 2회독).

3. 헷갈리는 용어와 모르는 용어 위주로 시험 직전까지 계속 확인하고 숙지하세요.

PART 01 미시경제학

회독 1회독 □ 공부시작일 월 일 / 공부완료일 월 일
2회독 □ 공부시작일 월 일 / 공부완료일 월 일

001 희소성의 원칙

☑ 1회독 ○△✕   ☑ 2회독 ○△✕

① 인간의 무한한 욕망을 충족시킬 재화나 용역이 상대적으로 부족한 것을 의미한다. 즉 절대적인 양의 부족을 의미하는 것이 아니라, 욕망에 비하여 상대적으로 부족하다는 것을 의미하며, 실질적으로 유용(예 물, 공기)하다고 해서 희소성이 있다고 할 수도 없다.
② 희소성의 원칙으로 인해 사람들은 기회비용을 고려하여 한정된 자원을 합리적으로 사용하려고 노력한다. 자원의 희소성은 모든 경제문제의 근본적 원인이라고 할 수 있다.

002 기회비용

☑ 1회독 ○△✕   ☑ 2회독 ○△✕

어떤 대안을 선택함에 따라 포기해야 하는 다른 대안 중 가장 가치가 큰 것을 말하며, 경제학에서의 비용은 기회비용을 말한다. 기회비용은 명시적 비용(객관적으로 나타난 비용)과 암묵적 비용의 합으로 구한다.

003 매몰비용

☑ 1회독 ○△✕   ☑ 2회독 ○△✕

이미 투입된 비용으로, 사업을 중단하더라도 회수할 수 없는 비용을 말한다. 대부분의 공장설비 등 고정비용은 매몰비용에 해당한다.

004 합리적 선택

☑ 1회독 ○△✕   ☑ 2회독 ○△✕

① 주어진 제약 속에서 자신의 비용을 최소화하고 편익을 최대화하는 선택을 말한다.
② 선택으로 발생하는 비용은 기회비용이고, 선택으로 인해 얻게 되는 편익은 경제적 이익이나 만족감이다. 합리적 선택은 기회비용을 고려한 선택이며, 매몰비용은 고려하지 않는다.

005 명시적 비용과 암묵적 비용

① 명시적 비용이란 경제활동에서 실제로 지출되는 비용을 말한다.
② 암묵적 비용이란 명시적 비용에 대비되는 개념으로, 비가시적인 비용을 말한다.
③ 회계학에서는 암묵적 비용은 비용으로 고려되지 않고 명시적 비용만 고려되지만, 경제학에서는 암묵적 비용과 명시적 비용 모두 비용으로 고려된다.

006 생산가능곡선

① 노동, 자본 등의 생산요소가 일정량으로 주어져 있을 때 생산 가능한 X재와 Y재의 조합을 연결한 곡선을 말한다.
② 생산가능곡선 내부의 점 D는 비효율적으로 생산이 이루어지고 있는 점이고, 생산곡선상의 점 A, B, C는 효율적 생산이 달성되는 점이며, 생산가능곡선 밖의 점 E는 생산이 불가능한 점이다.
③ 다른 모든 조건이 일정할 때 기술이 진보하거나 요소부존량(노동력, 자본 등)이 증가하면 생산가능곡선은 원점으로부터 바깥쪽으로 확장 이동한다.
④ 한 재화를 생산하는 데 있어 생산량이 증가할 경우 다른 재화를 생산하는 데 투입되는 생산요소를 그 재화의 생산에 투입해야 하므로 나머지 재화의 생산은 급감하게 됨에 따라 생산가능곡선은 일반적으로 원점에 대해 오목한 형태를 띤다.

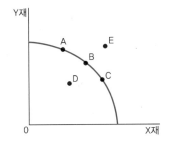 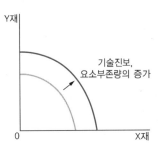

007 시장경제

① 시장경제란 시장에서의 수요와 공급에 의해 국민경제의 3대 문제(어떤 재화를 얼마만큼 생산할 것인가, 어떻게 생산할 것인가, 누구를 위하여 생산할 것인가)가 결정되는 경제체제를 말한다.
② 시장경제는 효율성을 추구하지만 공평성을 보장하지는 못한다는 특징이 있다.
③ 시장경제가 성립하려면 사유재산권, 경제활동의 자유, 사적이익 추구의 자유가 전제되어야 하며, 시장경제에서는 1원 1표의 원칙이 적용된다.

008 주요 3대 경제문제

주요 3대 경제문제란 ㉠ 생산물의 종류와 수량, ㉡ 생산방법, ㉢ 소득분배이다.

009 유량변수와 저량변수

☑ 1회독 ○△✕ ☑ 2회독 ○△✕

① 유량변수(Flow)란 일정기간에 측정되는 변수로, 국민소득, 국제수지, 수출입, 재정적자, 수요, 공급, 투자 등이 포함된다.
② 저량변수(Stock)란 일정한 시점에 측정되는 변수로, 재산, 국부, 부채, 외채, 노동량, 자본량, 외환보유고, 물가, 환율, 주가, 통화량, 실업률 등이 포함된다.

010 규범경제학과 실증경제학

☑ 1회독 ○△✕ ☑ 2회독 ○△✕

① 규범경제학이란 가치판단에 의해 어떤 경제 상태가 바람직하고 어떤 경제 상태가 바람직하지 못한가를 평가하여 그 개선 방안을 연구하는 분야로, 현실의 경제상태를 개선하기 위해 어떤 경제정책을 실시하는 것이 바람직한 것인지에 대한 내용을 포함한다.
② 실증경제학이란 경제현상을 객관적으로 분석하고 경제변수들 간의 인과관계를 발견하여 경제현상의 변화를 예측하는 일련의 지식체계로, 가치판단이 개입되지 않으며, 객관적인 인과관계만 분석한다.

011 수요의 법칙

☑ 1회독 ○△✕ ☑ 2회독 ○△✕

① 일반적으로 어떤 재화의 가격이 하락하면 그 재화에 대한 수요량이 증가하는데, 이러한 가격과 수요량의 역(−)의 관계를 수요의 법칙이라고 한다.
② 수요곡선이 우하향하는 것은 수요의 법칙으로 인한 것이다.

012 밴드웨건효과

☑ 1회독 ○△✕ ☑ 2회독 ○△✕

① 어떤 재화에 대한 다른 사람들의 소비가 증가하면 이에 편승하여 그 재화에 대한 개인의 수요가 증가하는 현상을 말한다. 편승효과라고도 한다.
② 스놉효과, 베블렌효과와 함께 네트워크 외부효과에 해당하며, 양의 네트워크 외부효과이다.

013 스놉효과

☑ 1회독 ○△✕ ☑ 2회독 ○△✕

① 어떤 재화에 대한 다른 사람들의 소비가 증가하면 그 재화에 대한 개인의 수요가 감소하는 현상을 말한다. 속물효과라고도 한다.
② 음의 네트워크 외부효과이다.

014 베블렌효과

☑ 1회독 ○△✕　☑ 2회독 ○△✕

① 어떤 재화의 가격이 상승하면 그 재화의 소비량이 오히려 증가하는 효과를 말한다. 과시욕구에 의한 소비에 따라 나타나는 효과라고 할 수 있다.

② 베블렌효과가 존재하면 수요곡선은 우상향 형태로 나타난다.

015 수요곡선

☑ 1회독 ○△✕　☑ 2회독 ○△✕

① 수요곡선이란 어떤 재화의 가격과 수요량의 관계를 나타낸 곡선을 말한다. 수요의 법칙에 따르면 수요곡선은 우하향한다.

② 가격이 상승하면 수요량은 수요곡선상에서 움직이며(수요량의 변화), 가격 이외의 요소가 변화하면 수요곡선 자체가 이동한다(수요의 변화).

③ 시장수요곡선은 개별수요곡선을 수평으로 합하여 도출하므로 개별수요곡선보다 완만하게(탄력적으로) 나타난다.

④ 완전경쟁시장에서 기업은 가격을 주어진 것으로 받아들이므로 시장수요곡선이 수평으로 나타난다. 그러나 불완전경쟁시장에서는 기업이 가격을 설정할 수 있으므로 시장수요곡선이 우하향하는 형태를 띤다.

016 공급곡선

☑ 1회독 ○△✕　☑ 2회독 ○△✕

① 공급곡선이란 가격에 따라 생산자가 공급하고자 하는 공급량을 연결한 곡선을 말한다. 공급곡선은 일반적으로 우상향한다.

② 가격이 상승하면 공급량은 공급곡선상에서 움직이며(공급량의 변화), 가격 이외의 요소가 변화하면 공급곡선 자체가 이동한다(공급의 변화).

③ 시장공급곡선은 개별공급곡선을 수평으로 합하여 도출하므로 개별공급곡선보다 완만하게(탄력적으로) 나타난다.

017 수요의 가격탄력성

☑ 1회독 ○△✕　☑ 2회독 ○△✕

① 어떤 재화의 가격이 변화할 때 수요량이 얼마나 변하는가를 나타내는 것으로, 어떤 재화의 수요량변화율을 그 재화의 가격변화율로 나누어 구한다.

$$\epsilon_P = \frac{\text{수요량의 변화율}(\%)}{\text{가격의 변화율}(\%)} = -\frac{\dfrac{\Delta Q_D}{Q_D}}{\dfrac{\Delta P}{P}} = -\frac{\Delta Q_D}{\Delta P} \times \frac{P}{Q_D}$$

② 수요의 가격탄력성은 ㉠ 대체재가 많을수록, ㉡ 그 재화에 대한 비용이 총소득에서 차지하는 비중이 클수록, ㉢ 재화의 분류 범위를 좁게 설정할수록, ㉣ 탄력성 측정기간이 길수록 커진다.

③ 필수재 수요는 가격탄력성과 관련이 있으며, 0보다 크고, 1보다 같거나 작다.

④ 가격탄력적($\epsilon_P > 1$)이면 가격이 상승할 때 판매자의 수입이 감소하고(소비자의 지출이 감소), 가격이 하락할 때 판매자의 수입이 증가한다(소비자의 지출이 증가).

018 대체재

한 재화의 가격이 상승할 때 경쟁관계에 있는 다른 재화의 수요가 증가하는 관계를 말한다.

019 보완재

한 재화의 가격이 상승할 때 보완관계에 있는 다른 재화의 수요가 감소하는 관계를 말한다.

020 수요의 소득탄력성

① 소득변화에 따른 수요량의 변화 정도를 나타내는 것으로, 어떤 재화의 수요량변화율을 소득변화율로 나누어 구한다.

$$\epsilon_M = \frac{\text{수요량의 변화율}(\%)}{\text{소득의 변화율}(\%)} = -\frac{\dfrac{\triangle Q_D}{Q_D}}{\dfrac{\triangle M}{M}} = -\frac{\triangle Q_D}{\triangle M} \times \frac{M}{Q_D}$$

② 어떤 사람의 소득이 10% 증가하자 그 사람의 아메리카노 수요량이 5% 증가하였다면 소득탄력성은 0.5이다.
③ 소득탄력성에 따라 정상재($\epsilon_M > 0$)와 열등재($\epsilon_M < 0$)로 구분된다. 정상재는 필수재($0 < \epsilon_M < 1$)와 사치재($1 < \epsilon_M$)로 나뉜다.

021 정상재

소득이 증가하면 수요가 증가하는 재화를 말한다. 즉 소득탄력성이 양(+)의 값을 가지는 재화이다.

022 열등재와 기펜재

① 열등재란 소득이 증가하면 수요가 감소하는 재화를 말한다. 즉 소득탄력성이 음(−)의 값을 가지는 재화이다.
② 기펜재란 열등재 중에서도 소득효과가 대체효과보다 더 커서, 가격이 상승하면 오히려 수요가 증가하는 재화를 말한다.

① 재화 X의 가격변화율에 따른 재화 Y의 수요량변화율을 나타내는 비율이다.

$$\epsilon_{XY} = \frac{Y재\ 수요량의\ 변화율(\%)}{X재\ 가격의\ 변화율(\%)} = -\frac{\dfrac{\triangle Q_Y}{Q_Y}}{\dfrac{\triangle P_X}{P_X}}$$

② 만약 재화 X의 가격이 상승함에 따라 재화 Y의 수요가 증가하였다면(교차탄력성이 +의 값), X와 Y는 대체재의 관계라고 할 수 있다. 반대로 재화 Y의 수요가 감소하였다면(교차탄력성이 −의 값), 이들은 보완재의 관계라고 할 수 있다.

① 어떤 재화의 가격변화율에 따른 공급량변화율을 나타내는 비율이다.

$$e_P = \frac{공급량의\ 변화율(\%)}{가격의\ 변화율(\%)} = \frac{\dfrac{\triangle Q_S}{Q_S}}{\dfrac{\triangle P}{P}} = \frac{\triangle Q_S}{\triangle P} \times \frac{P}{Q_S}$$

② 공급의 가격탄력성은 가격의 변화 방향과 공급량의 변화 방향이 동일하기 때문에 항상 양(+)의 부호를 갖는다.

① 정부가 부과한 조세를 누가 얼마만큼 부담하는가의 문제이다. 정부가 조세를 소비자에게 부과하든 생산자에게 부과하든 관계없이, 가격탄력성이 더 작은 경제주체일수록 조세를 더 많이 부과하게 된다.
② 조세 부과로 인해 소비자가 체감하는 가격은 상승하고, 생산자가 실제로 받는 가격은 낮아지므로 균형거래량은 감소하고, 사회후생은 감소한다. 즉 경제적 순손실이 발생한다. 이때 수요와 공급의 가격탄력성이 클수록 거래량은 더 크게 감소하므로, 경제적 순손실이 더욱 커진다.

① 정부가 물가안정 또는 소비자보호를 위해 어떤 재화에 대해 시장가격보다 낮은 가격 수준에서 최고가격을 책정하여 강제하는 규제를 말한다.
② 예로는 아파트 분양가상한제, 금리상한제, 임대료상한제 등이 있다.
③ 가격상한제 실시로 인해 ㉠ 초과수요가 발생하여 ㉡ 품질이 저하되거나, ㉢ 암시장이 발생할 수 있고, ㉣ 수요를 희망하는 사람 중 누가 수요를 하게 되는가, 즉 수요자 간 기회의 불평등 문제가 발생할 수 있으며, ㉤ 사회후생이 감소한다. 공급이 가격에 대해 탄력적일수록 경제적 순손실, 즉 사회후생 손실이 더욱 커진다.
④ 만일 시장가격보다 높은 수준에서 최고가격을 매기면 실효성이 없다.

027 가격하한제(최저가격제)

① 정부가 공급자 보호를 위해 어떤 재화에 대해 시장가격보다 높은 가격 수준에서 최저가격을 책정하여 강제하는 규제를 말한다.
② 예로는 최저임금제, 농산물최저가격제 등이 있다.
③ 가격하한제 실시로 인해 ㉠ 초과공급이 발생하므로 ㉡ 재고가 누적될 수 있으며, ㉢ 최저임금제의 경우 실업이 발생할 수 있다. 수요가 가격에 대해 탄력적일수록 경제적 순손실, 즉 사회후생 손실이 더욱 커진다.
④ 만일 시장가격보다 낮은 수준에서 최저가격을 매기면 실효성이 없다.

028 한계효용체감의 법칙

① 어떤 재화 한 단위를 추가적으로 소비함에 따라 변화하는 효용의 증감분을 말한다. 일반적으로는 재화 한 단위 추가 소비에 따라 효용이 증가하므로 일반적으로 한계효용은 양수(+)이다.
② 한계효용체감의 법칙이란, 어떤 재화에 대한 소비량이 늘어날수록 효용 증가분이 점점 감소하는 현상을 말한다. 효용 자체가 감소한다는 의미가 아니다.

029 한계효용균등의 법칙

각 재화에 소비된 마지막 1원의 한계효용이 동일한 경우에 경제주체들의 효용이 극대화된다는 것이다. 이 개념을 활용하여 효용극대화 소비량을 구할 수 있다.

$$\frac{MU_X}{P_X} = \frac{MU_Y}{P_Y}$$

030 무차별곡선

① 가로축과 세로축을 각각 X재와 Y재의 소비량으로 두고, 소비자에게 동일한 만족을 주는 X재와 Y재 소비량의 조합을 연결한 곡선을 무차별곡선이라고 한다.
② 무차별곡선은 일반적으로는 원점에 대해 볼록한 형태를 가지는데, 이는 한계효용체감의 법칙에 따라 두 상품을 서로 비슷한 양으로 소비할 때 효용이 커지기 때문이다.
③ X재와 Y재의 성격에 따라 무차별곡선의 모양은 다르게 나타난다.
④ 대체가능성, 강단조성, 이행성, 완비성, 볼록성의 특징을 갖는다.

※ 예외적인 무차별곡선

⊙ 두 재화가 완전대체재인 경우
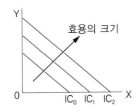

ⓒ 두 재화가 완전보완재인 경우
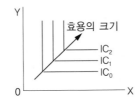

ⓒ X재가 비재화인 경우
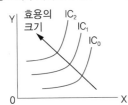

② Y재가 비재화인 경우
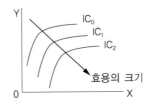

⑩ X재가 중립재인 경우
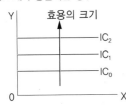

ⓑ Y재가 중립재인 경우
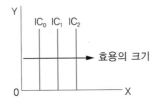

ⓐ 두 재화가 모두 비재화인 경우
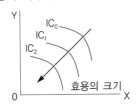

031 한계대체율

☑ 1회독 ○△✕   ☑ 2회독 ○△✕

① 한계대체율은 소비자가 일정한 효용 수준을 유지하면서 X재 소비량 1단위를 증가시키기 위해 감소시켜야 하는 Y재의 소비량을 의미한다.
② 한계대체율은 X재와 Y재에 대한 소비자의 주관적인 교환비율을 의미하며, 무차별곡선 접선의 기울기로 측정된다.

$$MRS_{XY} = \frac{MU_X}{MU_Y}$$

032 예산선

① 주어진 소득을 전부 사용하여 구입할 수 있는 X재와 Y재의 상품묶음의 집합이다.

② 예산선의 기울기 $\left(-\dfrac{P_X}{P_Y}\right)$ 는 X재와 Y재 사이의 객관적인 교환비율을 의미한다.

> • 예산식 : $M = P_X \times X + P_Y \times Y$
>
> • 예산선 : $Y = -\dfrac{P_X}{P_Y}X + \dfrac{M}{P_Y}$

033 등량곡선

① 모든 생산요소가 가변요소(노동, 자본)일 때 동일한 생산량을 산출할 수 있는 노동과 자본의 조합을 연결한 곡선을 의미한다.

② 볼록성, 노동과 자본의 대체가능성, 단조성, 이행성, 완비성의 특징을 갖는다.

034 한계기술대체율(MRTS)

① 동일한 생산수준을 유지하면서 L(노동)을 추가로 한 단위 더 고용할 때 감소시켜야 하는 자본(K)을 의미한다.

$$MRTS_{LK} = \frac{MP_L}{MP_K}$$

② 고용량이 증가함에 따라 자본에 대한 노동의 한계기술대체율이 점점 감소하는 현상을 한계기술대체율 체감의 법칙이라고 한다.

035 대체탄력성

생산과정에서 두 재화(노동, 자본)의 비율이 그 한계기술대체율의 변화에 어떻게 반응하는지 보임으로써 두 재화가 대체되는 정도를 나타내는 지표이다.

$$\sigma = \frac{\text{요소투입비율의 변화율(\%)}}{\text{한계기술대체율의 변화율(\%)}} = \frac{\dfrac{d(K/L)}{(K/L)}}{\dfrac{d(MRTS_{LK})}{(MRTS_{LK})}} = \frac{\dfrac{d(K/L)}{(K/L)}}{\dfrac{d(MP_L/MP_K)}{(MP_L/MP_K)}}$$

036 생산자균형조건

① 생산자균형이란 주어진 비용제약에서 산출량이 극대화된 상태 혹은 주어진 생산량을 최소 비용으로 생산하는 상태를 말한다.
② 생산자균형은 등량곡선과 등비용곡선이 접하는 점에서 달성된다.

> • $MRTS = \dfrac{MP_L}{MP_K} = \dfrac{w}{r}$
>
> • $\dfrac{MP_L}{w} = \dfrac{MP_K}{r}$

037 완전경쟁시장

① 완전경쟁시장이란 ㉠ 동일한 재화를 생산하는 ㉡ 다수의 기업과 다수의 소비자로 이루어진 시장으로, ㉢ 기업이 자유롭게 진입하거나 퇴출할 수 있고 ㉣ 완전한 정보가 보유되는 시장을 말한다. 위 네 가지 중 하나라도 만족하지 못하는 시장은 불완전시장이라고 한다.
② 완전경쟁시장에서는 가격이 시장에서 결정되며, 수요자나 공급자는 가격을 설정하지 못하고 시장가격을 수용하여 행동한다. 완전경쟁시장에서는 장기에 정상이윤만을 얻는다. 즉 초과이윤이 0이다.

> • 완전경쟁시장에서의 이윤극대화조건 : $P = MC$
> • 완전경쟁시장에서의 손익분기점 : $P = AC$
> • 완전경쟁시장에서의 조업중단점 : 단기 $P = AVC$, 장기 $P < AC$
> • 완전경쟁시장에서의 기업 균형조건 : $P = AR = MR = MC$
> • 완전경쟁시장에서의 기업 장기균형조건 : $P = AR = MR = SMC = LMC = SAC = LAC$

038 독점적 경쟁시장

① 다수의 기업이 대체성은 높지만 차별화된 상품을 생산하는 시장으로, 진입과 퇴거가 자유로운 시장을 말한다.
② 예로는 치킨가게, 미용실, 커피전문점 등이 있다.
③ 독점적 경쟁시장에서는 장기적으로 정상이윤만 획득하고, 제품차별화 정도가 클수록 수요곡선이 비탄력적으로 나타나며, 광고, 디자인 등 비가격경쟁이 이루어진다는 특징이 있다.
④ 산출량이 사회적 최적수준의 산출량에 미달하여 사회적 손실이 발생하고, 초과설비가 발생하며, 기술혁신이 잘 이루어지지 않는다는 부정적 측면이 있다.
⑤ 제품차별화로 인해 소비자가 다양한 상품을 소비할 수 있다는 측면에서 소비자후생이 증가한다는 긍정적 측면이 있다.

> • 독점적 경쟁시장의 장기균형 : $P = AR = SAC = LAC > MR = SMC = LMC$

039 독점시장

① 독점시장이란 어떤 재화의 공급이 단 하나의 기업에 의해 이루어지는 시장을 말한다.
② 독점시장이 발생하는 경우로는 ㉠ 생산요소의 독점적 소유, ㉡ 규모의 경제로 인한 자연독점, ㉢ 정부의 인허가 또는 특허권 등으로 인한 진입장벽이 있는 경우 등이 있다.
③ 독점기업은 가격수용자가 아닌 가격설정자로서 행동한다. 독점기업이 직면하는 수요곡선은 우하향하는 시장곡선 그 자체이므로, 가격을 낮추면 판매량은 증가한다.
④ 독점기업은 사회 전체적 관점에서의 최적 생산량 수준보다 적게 생산하므로 독점시장일 때는 사회적 손실이 발생하며, 소비자들은 완전경쟁시장에서보다 높은 가격을 지불하게 된다는 부정적 측면이 있다. 경쟁압력이 없어 기술혁신이 이루어질 수 없다는 견해와 초과이윤으로 기술혁신이 가능하다는 견해가 대립한다.
⑤ 독점기업이 언제나 초과이윤을 누리는 것은 아니라, 손실이 발생하는 경우도 있다.

> • 독점기업의 이윤극대화 조건 : $P = AR > MR = MC$

040 가격차별

① 독점기업은 가격수용자가 아닌 가격설정자가 될 수 있는데, 독점기업이 이러한 독점적 지위를 이용하여 소비자별로 또는 시장별로 동일 상품의 가격을 달리하여 판매하는 행위를 말한다.
② 가격을 설정할 때는 가격탄력성이 높은 소비자 또는 시장일수록 낮은 가격을 매긴다.
③ 가격차별이 가능하기 위해서는 ㉠ 독점기업이 ㉡ 소비자들의 특성을 쉽게 알 수 있고 ㉢ 가격탄력성에 따라 시장을 구분할 수 있어야 하며, ㉣ 시장 간 재판매가 불가능해야 한다.
④ 독점기업이 가격차별을 실시하면, 가격차별 실시 전의 순수독점기업일 때보다 산출량이 같거나 증가하며, 소비계층이 확대될 수 있다는 긍정적 측면이 있다.

041 과점시장

① 진입장벽이 있어 새로운 기업의 진입이 어려워 소수 기업이 시장 수요의 대부분을 공급하는 시장을 말한다.
② 과점시장에서는 어느 기업의 의사결정이 다른 기업에 영향을 미쳐 기업들 간 상호의존성이 높다는 특징이 있다. 또한 비가격경쟁이 심하다는 특징이 있다.

042 게임이론

① 과점시장에서의 기업 간 상호의존성 하에서 각 기업이 의사결정을 하는 과정에 대한 이론이다. 게임이론에서는 각자가 상대방의 의사결정에 따른 자신의 손익을 고려하여 합리적 의사결정을 한다.
② 게임이론 하에서의 균형에는 내쉬균형과 우월전략균형이 있다.

043 내쉬균형

상대방의 전략을 주어진 것으로 보고, 그 상황에서 자신이 최선의 전략을 선택했을 때 도달하는 균형을 말한다.

044 우월전략균형

상대방의 전략이 무엇이든지에 관계없이 항상 자신의 이익이 커지는 전략을 말한다.

045 죄수의 딜레마

① 게임이론의 모형 중 하나이다. 두 공범자가 서로 협력해 범죄사실을 침묵 또는 부인하면 증거 불충분으로 형량이 낮아지는 최선의 결과를 누릴 수 있음에도 불구하고, 서로 간의 협력이 불가하여 자백하면 형량을 낮춰준다는 유인에 의해 자백을 하게 되어 둘 다 무거운 형량을 선고받는 현상을 말한다.

② 죄수의 딜레마 상황에서는 상대방이 선택하는 전략과 상관없이 자기에게 유리한 전략인 우월전략이 있다. 이 상황에서는 자백이 우월전략이다. 상대방이 자백과 침묵 중 무엇을 선택하든 자신이 자백하면 가벼운 형량을 받기 때문이다.

046 치킨게임

게임이론 모형 중 하나이다. 어느 한 쪽이 양보하지 않아 양쪽이 모두 파국으로 치닫게 되는 극단적인 게임이론이다.

047 보상적 임금격차

① 비금전적 직업 속성의 불리함을 보상해 주기 위한 임금의 차이를 의미한다.

② 예를 들어 물가가 비싼 지역에서의 근무, 오염 정도가 높은 지역에서의 근무, 육체적으로 고된 근무, 야간근로가 필요한 근무에 대해 임금이 보다 높게 지급되는 것이 보상적 임금격차라고 할 수 있다.

048 10분위분배율

① 소득불균형을 나타내는 지표이다. 상위 20%의 소득합계에 대한 하위 40%의 소득합계의 비율을 말하며, 0~2의 값을 나타내고 값이 클수록 소득분배가 균등하게 나타난다.

$$10분위분배율 = \frac{하위\ 40\%의\ 소득점유비율}{상위\ 20\%의\ 소득점유비율}$$

② 사회구성원 전체의 소득분배상태를 보여 주지 못한다는 한계가 있다.

049 로렌츠곡선

① 소득불균형을 나타내는 지표이다. 세로축은 소득의 누적점유율을, 가로축은 인구의 누적점유율을 나타내는 사각형으로 된 평면에서 인구의 누적점유율과 소득의 누적점유율 간 관계를 나타내는 곡선이다.

② 이 사각형 평면에서의 우상향대각선은 완전평등한 상태를 나타내며, 로렌츠곡선이 대각선(완전균등분포선)에 가까워질수록 소득분배가 균등하다는 의미이다. 로렌츠곡선과 대각선 사이의 면적(α) 크기가 작을수록 소득분배가 균등하다.

③ 로렌츠곡선이 교차하는 경우 소득분배상태를 비교할 수 없다는 단점이 있다.

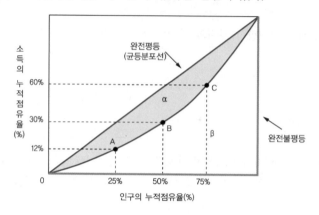

050 지니계수

① 소득불균형을 나타내는 지표이다. 로렌츠곡선과 완전균등분포선 사이의 면적(α)을 완전균등분포선 아래의 삼각형면적 (α + β)으로 나눈 값을 말한다.

$$지니계수 = \frac{\alpha}{\alpha + \beta}$$

② 값이 작을수록 소득분배가 균등하고, 0이면 완전균등한 상태이다. 값이 클수록 소득분배가 불균등하고 1이면 완전불균등한 상태이다.

③ 특정 소득계층의 소득분배상태를 나타내지 못한다는 단점이 있다.

051 앳킨슨지수

① 소득불균형을 나타내는 지표이다. 앳킨슨지수는 사회 구성원의 주관적 가치를 반영해 소득분배의 불균등도를 측정하는 지표로, 현재의 평균소득과 주관적으로 결정된 균등분배대등소득을 이용하여 소득분배상태를 측정한다.

$$A = 1 - \frac{Y_e}{\overline{Y}}$$

(Y_e : 균등분배대등소득, $\overline{Y}$: 현재의 평균소득)

② 0~1 사이의 값을 가지며, 값이 작을수록 소득분배가 균등하다는 의미이다.

052 파레토효율성

① 파레토효율이란 어느 한 사람의 후생을 감소시키지 않고서는 다른 사람의 후생을 증가시킬 수 없는 상태로, 자원배분이 가장 효율적으로 이루어진 상태를 말한다.
② 파레토효율성 조건을 충족하는 조건은 무수히 많으며, 이 중 무엇이 사회적으로 가장 바람직한 점인지를 판단해야 한다. 파레토효율성이 소득분배의 공평성에 대한 기준을 제시하지는 못한다.

- 교환의 효율조건 : $MRS_{XY}^A = MRS_{XY}^B$
- 생산의 효율조건 : $MRTS_{LK}^X = MRTS_{LK}^Y$
- 생산물구성의 효율조건 : $MRT_{XY} = MRS_{XY}$
- 종합적 효율조건 : $MRS_{XY}^A = MRS_{XY}^B = MRT_{XY}$

053 시장실패

① 정부개입으로 인해 부작용이 초래되는 상황을 말한다.
② 정부실패의 원인에는 ㉠ 제한된 정보, ㉡ 민간부문 반응의 통제 불가능성, ㉢ 정치적 과정에서의 제약, ㉣ 정치적 인지시차 및 시차의 가변성 등이 있다.

054 외부효과

① 어떤 경제 주체의 생산활동 혹은 소비활동이 의도하지 않게 다른 경제주체에게 경제적 이익이나 손해를 야기하면서도 이에 대한 보상이 이루어지지 않는 상태를 말한다.
② 이익을 야기하는 경우를 긍정적 외부효과(예 독감예방주사, 교육, 신기술 개발), 손해를 야기하는 경우를 부정적 외부효과(예 공장의 오염물질 배출, 흡연)라고 한다.
③ 긍정적 외부효과가 발생하면 과소생산·과소소비가 발생하며, 부정적 외부효과가 발생하면 과다생산·과다소비가 발생하는 부작용이 있다.
④ 긍정적 외부효과에 대한 해결책으로는 보조금 지급, 부정적 외부효과에 대한 해결책으로는 조세부과 등이 있다.

055 사회적·사적 편익과 사회적·사적 비용 및 효과

구 분		사회적·사적 편익, 사회적·사적 비용	효 과
외부불경제 (부정적 외부효과)	생 산	$SMB = PMB = P = PMC < SMC$	과다생산
	소 비	$SMB < PMB = P = PMC = SMC$	과다소비
외부경제 (긍정적 외부효과)	생 산	$SMB = PMB = P = PMC > SMC$	과소생산
	소 비	$SMB > PMB = P = PMC = SMC$	과소소비

056 공공재

① 사유재와는 달리 그 재화에 대한 소비자의 선호가 드러나지 않아 시장메커니즘이 아닌 정치적 과정에 의해 공급되는 재화로서, 모든 사람들이 공동으로 이용할 수 있는 서비스를 말한다.

② 국방, 경찰, 소방, 공원 등이 그 예이다.

③ 비배제성과 비경합성을 지닌다. 비배제성이란 생산비용을 지불하지 않았다는 이유로 소비로부터 배제할 수 없는 성질을 말하며, 비경합성이란 한 사람의 추가적 소비에 따른 혼잡문제가 발생하지 않는 성질을 말한다.

구 분	경합성	비경합성
배제성	사유재 예 휴대폰, 음식	클럽재 예 케이블 TV, 수도
비배제성	공유자원 예 공유수면	공공재 예 국방, 지상파 TV

057 공유지의 비극

① 주인이 없는 방목장에는 농부들이 경쟁적으로 더 많은 소를 끌고 나와서 방목장이 곧 황폐화되는 상황을 의미한다.

② 비배제성을 가지나 경합성이 있는 재화의 경우 공유지의 비극이 일어날 수 있다.

058 코즈의 정리(Coase's Theorem)

① 재산권(소유권)이 명확하게 확립되어 있고, 거래비용 없이도 자유롭게 매매할 수 있다면 외부성에 관한 권리가 어느 경제 주체에 귀속되는가와 상관없이 당사자 간의 비자발적 협상에 의한 효율적인 자원배분이 가능해진다는 이론이다.

② 현실적으로는 거래비용의 존재, 외부성 측정의 어려움, 이해당사자의 모호성, 정보의 비대칭성, 협상능력의 차이 등으로 인해 코즈의 정리로 문제가 해결되는 데는 한계가 있다.

059 투표의 역설

다수결투표제 하에서 투표 순서 등에 의해 결과가 바뀌면서 일관성을 잃는 현상을 말한다. 예를 들어 이행성이 있는 상황이라면, A를 B보다 선호하고 B를 C보다 선호하는 경우 A를 C보다 선호해야 하지만, 투표결과로는 C가 A를 이기는 현상이다. 이는 개인들의 선호가 이행성을 충족하더라도, 사회선호가 이행성을 충족하지 않아 발생하는 현상이다.

060 정보의 비대칭성

① 정보의 비대칭성이란 경제적 이해관계를 가진 거래 당사자 간 정보수준의 차이가 존재하여 합리적 의사결정이 어려워진 상황을 말한다.
② 정보의 비대칭성으로 인해 역선택과 도덕적 해이가 발생할 수 있다.

061 역선택

① 정보의 비대칭성으로 인해 정보를 갖지 못한 측에서 정보를 더 많이 가진 측에 대한 정보의 왜곡 또는 오류가 발생하여 바람직하지 못한 거래를 하게 되는 행위를 의미한다. 도덕적 해이와 구별되는 점은 보통 계약 전에 일어나며, 숨겨진 특성으로 인해 발생한다는 것이다.
② 중고차시장에서의 거래, 신용이 낮은 사람에 대한 대출계약 등이 이에 해당한다.
③ 해결방법으로는 선별(예 보험 가입 시의 건강검진 의무화), 신호발송(예 취업시장에서 취업준비생의 자격증 취득) 등이 있다.

062 도덕적 해이

① 정보의 비대칭성으로 인해 정보를 가진 측이 바람직하지 못한 행동을 하는 현상을 의미한다. 역선택과 구별되는 점은 보통 계약 후에 일어나며, 숨겨진 행동으로 인해 발생한다는 것이다.
② 취업한 후의 근무태만, 자동차보험 가입자가 운전 시 안전벨트를 착용하지 않는 행위 등이 이에 해당한다.
③ 해결방법으로는 감시, 공동보험제도 등이 있다.

063 주인-대리인 문제

① 정보의 비대칭성으로 인한 도덕적 해이의 사례 중 하나로, 대리인이 주인보다 더 많은 정보를 가짐으로써 대리인이 자기 자신의 이익을 위해 행동하는 것을 의미한다. 감시가 제대로 이루어질 수 없을 때 발생한다.
② 주주와 전문경영인 간의 관계에서 발생할 수 있으며, 이 경우에는 스톡옵션제도가 해결책이 될 수 있다. 정치인이 국회의원 당선 후 국민의 이익을 위해 노력하지 않는 현상도 주인-대리인의 문제의 예이다.

064 통화정책

☑ 1회독 ○△✕   ☑ 2회독 ○△✕

① 중앙은행이 통화량을 조절하고 이를 통해 경제활동 수준을 조절하기 위한 정책으로, 재정정책과 함께 총수요관리정책에 해당한다. 시중의 통화량을 증가시키는 정책을 확장적 통화정책, 감소시키는 정책을 긴축적 통화정책이라고 한다.

② 통화정책 수단

ㄱ 공개시장조작(중앙은행이 채권 등을 사고팔아 시중의 통화량을 조절하는 것으로, 매입 시 시중의 통화량이 증가한다)

ㄴ 재할인율 조정(시중은행이 매입한 상업어음을 중앙은행이 다시 할인할 때 적용하는 재할인율을 조정하는 방식으로, 재할인율을 인상하면 시중의 통화량이 감소한다)

ㄷ 법정지급준비율 조정(은행이 예금액 중 일부를 대출하지 않고 보유하고 있어야 하는 금액인 법정지급준비금의 비율을 조정하는 것으로, 법정지급준비율을 인상하면 시중의 통화량이 감소한다)

③ 재정정책에 비해 통화정책의 내부시차는 매우 짧은 반면, 외부시차는 길게 나타난다.

065 재정정책

☑ 1회독 ○△✕   ☑ 2회독 ○△✕

① 정부가 정부지출과 조세를 조절함으로써 경기를 조절하는 정책으로, 통화정책과 함께 총수요관리정책에 해당한다. 총수요를 증가시켜 경기를 활성화하기 위한 정책을 확장적 재정정책, 총수요를 감소시켜 경기를 안정화시키기 위한 정책을 긴축적 재정정책이라고 한다.

② 재정정책 수단

ㄱ 재정지출의 조절(재정지출을 증대하면 총수요가 증가한다)

ㄴ 조세의 증가 또는 감소(조세를 감소시키면 총수요가 증가한다)

③ 통화정책에 비해 재정정책의 내부시차는 긴 반면, 외부시차는 짧게 나타난다.

066 GDP

① ㉠ 일정 기간 동안 ㉡ 한 나라 안에서 생산된 ㉢ 최종 재화와 서비스의 ㉣ 시장가치를 화폐단위로 환산하여 모두 합한 가치를 말한다.

② 과거에 지어진 아파트가 미분양되었으나 올해에 분양된 경우, 과거에 생산되어 재고로 처리되었다가 올해에 판매된 제품은 올해 생산된 제품이 아니므로 올해의 GDP에 포함되지 않고, 중간재는 최종 상품이나 서비스가 아니므로 GDP에 포함되지 않으며, 지하경제·가정주부의 노동 등은 시장가치로 환산되지 않으므로 GDP에 포함되지 않는다.

③ 총수요와 총공급이 균형을 이룬다고 가정하므로, 'GDP = 소비 + 투자 + 정부지출 + 순수출'로 계산한다.

구 분		항 목
GDP의 구성	소 비	• 자동차, 가전제품 등 내구재 구매 • 음식, 옷 등 비내구재 구매 • 자가소비
	투 자	• 자본 장비, 재고품, 건축물 구입(신규주택구입 포함) • 자사 재고분 구입
	정부지출	• 중앙정부 및 지방정부에 의한 재화와 서비스의 구입 • 공무원 급여, 공공사업 지출(제외항목)
	순수출	• 수출−수입

067 잠재GDP

한 나라의 사용 가능한 모든 자원을 활용하여 경제가 생산할 수 있는 최대한의 지속가능한 산출수준 또는 자연실업률 상태에서의 GDP를 의미한다.

068 GNI(Gross National Income ; 국민총소득)

대표적인 경제성장지표가 국내총생산(GDP)이라면, 국민소득을 보다 정확하게 반영하기 위해 나온 경제지표는 국민총소득으로, 일정 기간 동안 한 나라 국민이 소유하고 있는 생산요소를 국내외에 제공한 대가로 벌어들인 소득을 의미한다.

069 GNP(Gross National Product ; 국민총생산)

일정 기간 동안 한 나라의 국민이 국내외에서 새롭게 생산한 재화와 용역의 부가가치 또는 최종재의 값을 화폐 단위로 합산한 것이다. GDP는 한 나라의 영토를 기준으로 산정되는 반면, GNP는 국적을 기준으로 산정된다는 차이점이 있다.

070 GDI(Gross Domestic Income ; 국내총소득)

⊠ 1회독 ○△✕   ⊠ 2회독 ○△✕

국내 거주인이 1년 동안 벌어들인 소득으로, 실질국내총생산(GDP)에 실질무역손익을 더한 개념이다. 수출품 가격이 상승하면 증가하고, 수입품 가격이 상승하면 감소한다.

071 GDP디플레이터

⊠ 1회독 ○△✕   ⊠ 2회독 ○△✕

① 기준연도 물가수준 대비 현재 물가수준을 측정하는 지표로, 명목GDP(비교연도GDP)를 실질GDP(기준연도GDP)로 나누고 100을 곱하여 사후적으로 구한다.

$$GDP디플레이터 = \frac{명목GDP}{실질GDP} \times 100$$

② 가장 포괄적인 물가지수라고 할 수 있다. 수입품은 국내에서 생산한 것이 아니므로 수입품의 가격은 포함되지 않으며, 기존주택에 대한 투기에 의한 부동산가격도 포함되지 않는다. 그러나 신축주택, 주택임대료 상승은 GDP디플레이터에 포함된다.

072 세이의 법칙(Say's Law)

⊠ 1회독 ○△✕   ⊠ 2회독 ○△✕

① 자유경쟁 경제하에서 일반적인 생산과잉은 발생하지 않고 공급은 스스로의 수요를 창조한다는 이론이다.
② 공급이 이루어지면 그만큼 수요가 생겨나므로 경제 전체로 볼 때 수요부족에 따른 초과공급이 발생하지 않음을 의미한다.
③ 유효수요 부족이 발생하지 않으므로, 고전학파 경제학자들이 주장하는 공급중심의 경제정책을 주장하는 데 있어 중요한 논거가 되었다.

073 저축의 역설

⊠ 1회독 ○△✕   ⊠ 2회독 ○△✕

① 저축의 증가가 투자의 증가로 이어지지 못하고 오히려 총수요만 감소시켜 생산활동을 위축시키므로 국민소득은 감소하고, 결국은 개인의 저축을 늘릴 수 없는 상황이 되는 것을 말한다.
② 저축의 역설은 구성의 오류의 한 예로서, 개인 차원에서 보면 바람직하나 경제 전체적으로는 부정적인 결과를 가져올 수 있다.

074 승 수

⊠ 1회독 ○△✕   ⊠ 2회독 ○△✕

독립지출이 변화할 때 균형국민소득이 얼마나 변화하는지를 나타내는 지표이다.

$$승수 = \frac{균형국민소득의 증가분}{독립지출의 증가분}$$

20 공기업 전공필기 경제학 핵심개념노트 120선

075 여러 가지 승수모형(투자승수, 정부지출승수, 조세승수)

① 폐쇄경제

정액세만 존재하는 경우의 승수	비례세가 존재하는 경우의 승수
• 투자승수 : $\dfrac{1}{1-MPC}$	• 투자승수 : $\dfrac{1}{1-MPC(1-t)}$
• 정부지출승수 : $\dfrac{1}{1-MPC}$	• 정부지출승수 : $\dfrac{1}{1-MPC(1-t)}$
• 조세승수 : $\dfrac{-MPC}{1-MPC}$	• 조세승수 : $\dfrac{-MPC}{1-MPC(1-t)}$

② 개방경제

정액세만 존재하는 경우의 승수	비례세가 존재하는 경우의 승수
• 투자승수 : $\dfrac{1}{1-MPC+m}$	• 투자승수 : $\dfrac{1}{1-MPC(1-t)+m}$
• 정부지출승수 : $\dfrac{1}{1-MPC+m}$	• 정부지출승수 : $\dfrac{1}{1-MPC(1-t)+m}$
• 조세승수 : $\dfrac{-MPC}{1-MPC+m}$	• 조세승수 : $\dfrac{-MPC}{1-MPC(1-t)+m}$

(MPC : 한계소비성향, t : 세율, m : 한계수입성향)

076 케인즈의 절대소득가설

① 소비는 현재 가처분소득에 의해 결정된다.
② 소득이 증가하면 소비는 증가된 소득의 일부만큼만 소비된다.
③ 소득이 증가할수록 평균소비성향(APC)은 감소한다.
④ 케인즈의 소비함수 이론에 따르면 일시적인 세율인하 시 소비가 크게 증가하므로 일시적인 재정정책은 매우 효과적이다.

077 듀젠베리의 상대소득가설

① 소비는 상대소득에 의해 결정된다.
② 소비의 상호의존성(전시효과)과 소비의 비가역성(톱니효과)에 의해 소비를 설명한다.
  ㉠ 전시효과란 각자 자신의 소득수준과 관계없이 사회일반의 소비수준의 영향을 받아 타인의 소비와 비슷하게 유지하려는 사회심리학적 소비성향이다.
  ㉡ 톱니효과란 소비의 상대적 안정성으로 인해 경기후퇴 시 소득이 줄어든다 하더라도 소비가 같은 속도로 줄어들지 않는 현상을 말한다.

078 프리드만의 항상소득가설

① 소비는 장기소득의 기대치인 항상소득에 의해서만 결정된다고 가정한다.
② 임시소득이란 비정상적인 소득으로 예측불가능한 일시적인 소득을 의미한다. 단기에는 임시소득이 0보다 크거나 작을 수 있으나 장기에는 평균이 0이다.

079 모딜리아니의 생애주기가설

① 일생동안 얻을 것으로 예상되는 생애소득으로 소비와 저축이 결정된다.
② 소비는 소득뿐만 아니라 자산의 크기에도 영향을 받는다.
③ 청년기에는 소득수준이 낮으므로 높은 APC를, 중장년기에는 소득수준이 높으므로 낮은 APC를, 노년기에는 소득수준이 낮으므로 높은 APC를 가진다.

080 토빈의 q이론

① 주식시장에서 평가된 기업의 시장가치를 기업의 실물자본의 대체비용으로 나누어 계산한다.

$$\text{토빈의 q} = \frac{\text{주식시장에서 평가된 기업의 시장가치}}{\text{기업의 실물자본의 대체비용}}$$

② q값이 1보다 큰 경우 투자는 증가하고, q값이 1보다 작은 경우 투자는 감소한다.
③ 자본시장과 실물시장을 연결해 주는 매개변수로, 이자율보다 자본시장에 관한 포괄적인 정보를 제공해 준다.

081 통화지표의 분류

통화지표	M1	= 현금통화 + 요구불예금 + 수시입출식 저축성 예금(은행의 저축예금, MMDA, 투신사 MMF)
	M2	= M1 + 정기예·적금 및 부금* + 시장형 상품 + 실적배당형 상품* + 금융채* + 기타(투신증권저축, 종금사 발행어음) *만기 2년 이상 제외
유동성지표	Lf	= M2 + M2 포함 금융상품 중 만기 2년 이상 정기예적금 및 금융채 등 + 한국증권금융(주)의 예수금 + 생명보험회사(우체국보험 포함)의 보험계약준비금 + 농협 국민생명공제의 예수금 등
	L	= Lf + 정부 및 기업 등이 발행한 유동성 시장금융상품(증권회사 RP, 여신전문기관의 채권, 예금보험공사채, 자산관리공사채, 자산유동화전문회사의 자산유동화증권, 국채, 지방채, 기업어음, 회사채 등)

082 예금통화창조

① 은행이 예금의 일부만을 지급준비금으로 남겨놓고 나머지는 대출하고, 대출받은 사람은 다시 은행에 예금하는 과정이 수없이 반복되면서 통화량이 처음에 은행으로 유입된 본원적 예금액보다 훨씬 크게 증가하는 현상을 말한다.
② 예금통화창조에 의한 통화공급에 의하면 통화공급의 주체는 중앙은행, 지급준비율을 결정하는 은행, 예금할 금액을 결정하는 비은행 민간이다.

083 본원통화

☑ 1회독 ○△✕ ☑ 2회독 ○△✕

① 통화공급의 주체인 중앙은행이 발행한 현금이 중앙은행을 빠져나오면서 공급되는 통화이다.
② 민간이 보유한 현금통화와 은행이 보유한 지급준비금으로 구성된다.

> 본원통화 = 현금통화 + 지급준비금

084 통화승수

☑ 1회독 ○△✕ ☑ 2회독 ○△✕

본원통화가 1단위 공급되었을 때 통화량이 얼마나 증가하는지를 보여 주는 배수이다.

- 현금통화비율(c)이 주어진 경우 : $\dfrac{1}{c+z(1-c)}$

  (z는 법정지급준비율과 초과지급준비율의 합으로, 법정지급준비율은 중앙은행이 결정하고 초과지급준비율은 예금은행이 결정한다.)

- 현금-예금비율(k)이 주어진 경우 : $\dfrac{k+1}{k+z}$

085 고전적 화폐수량설

☑ 1회독 ○△✕ ☑ 2회독 ○△✕

① 화폐수량설이란 물가수준이 통화량의 크기에 의해 결정된다는 이론으로 피셔의 교환방정식이 이를 잘 나타내 준다.
② 피셔의 교환방정식이란 일정기간 동안의 생산물에 대한 총거래액과 화폐지출액이 같다는 것을 나타낸다. 교환방정식에 따르면 통화량(M)과 물가(P)는 정비례관계가 있으며, 고전학파의 물가이론이다.

> 통화량(M) × 화폐유통속도(V) = 물가(P) × 실질국민총생산(Y)

086 신화폐수량설

☑ 1회독 ○△✕ ☑ 2회독 ○△✕

① 화폐를 자산으로 파악하고 화폐수요를 여러 가지 자산 중 어느 정도의 화폐를 보유할 것인지에 대한 자산선택의 결과라고 주장한다.
② 일반적으로 개인의 부와 인적자산의 비율이 증가하면 화폐수요는 증가하고 주식의 수익률, 채권의 수익률, 예상인플레이션율이 상승하면 화폐수요는 감소한다.

087 유동성함정

① 아무리 금리를 낮추고 통화공급을 늘려도 기업의 생산 및 투자와 가계의 소비가 늘지 않아 경기가 나아지지 않고, 경제가 마치 함정에 빠진 것처럼 보이는 상황이다.
② 일반적으로 경기가 악화된 상태에서 물가가 계속 떨어지는 디플레이션(Deflation)을 예상할 경우 나타난다.
③ 경제주체들은 금리가 매우 낮은 수준이 되면 금리상승, 즉 채권가격의 하락을 예상하여 화폐수요를 무한히 증가시키는 유동성함정 구간이 존재하며, 이 구간에서 이자율탄력성은 무한대가 된다.

088 IS곡선

개 념	생산물시장의 균형이 이루어지는 이자율(r)과 국민소득(Y)의 조합을 나타내는 직선
IS곡선의 기울기 결정요인	• 투자의 이자율탄력성(b)이 클수록 IS곡선은 완만하다. • 한계소비성향(c)이 클수록 IS곡선은 완만하다. • 한계저축성향(s)이 클수록 IS곡선은 가파르다. • 세율(t)이 높을수록 IS곡선은 가파르다. • 한계수입성향(m)이 클수록 IS곡선이 가파르다.
IS곡선의 이동요인	• 소비, 투자, 정부지출, 수출이 증가할 때 IS곡선은 우측으로 이동한다. • 조세, 수입, 저축이 증가할 때 IS곡선은 좌측으로 이동한다.

089 LM곡선

개 념	화폐시장의 균형이 이루어지는 이자율(r)과 국민소득(Y)의 조합을 나타내는 직선
LM곡선의 기울기 결정요인	• 화폐의 소득탄력성(마샬k)이 작을수록 LM곡선은 완만하다. • 화폐의 유통속도가 클수록 LM곡선은 완만하다. • 화폐의 이자율탄력성(h)이 클수록 LM곡선은 완만하다.
LM곡선의 이동요인	• 통화량이 증가할 때 LM곡선은 우측으로 이동한다. • 물가가 상승할 때 실질통화량이 감소하므로 LM곡선은 좌측으로 이동한다. • 거래적 동기의 화폐수요가 증가할 때 LM곡선은 좌측으로 이동한다.

090 총수요곡선(AD)

개 념	각각의 물가수준에서 수요되는 실질총생산(총수요)의 크기를 나타내는 곡선
AD곡선의 이동요인	• 물가수준이 주어져 있을 때 총수요의 구성요소(C, I, G, X–M) 중 일부가 증가하면 AD곡선은 우측으로 이동한다. • 일반적으로 IS곡선과 LM곡선이 우측으로 이동하면, 총수요가 증가하므로 AD곡선은 우측으로 이동한다.

091 총공급곡선(AS)

개 념	각각의 물가수준에서 기업전체가 생산하는 재화의 공급량을 나타내는 곡선
AS곡선의 이동요인	• 인구증가, 노동의욕 증가 등으로 임금이 하락하여 노동고용량이 증가하는 경우에는 AS곡선이 우측으로 이동한다. • 석유 등 원자재 가격의 하락으로 국외 생산요소의 가격이 하락하면 생산요소 투입량이 증가하여 AS곡선이 우측으로 이동한다. • 기술개발 등으로 인한 생산성 증가는 평균생산비용을 줄이게 되어 AS곡선을 우측으로 이동시킨다. • 법인세율의 인하는 생산비용을 감소시켜 AS곡선을 우측으로 이동시킨다. • 기업에 대한 보조금은 생산비용을 감소시켜 AS곡선을 우측으로 이동시킨다.

092 확장적 재정정책과 확장적 금융정책의 효과

① 확장적 재정정책 효과

변동환율제도	고정환율제도
국민소득 불변	국민소득 증가
소비, 투자 불변	소비 증가, 투자 불변
환율하락에 따른 경상수지 적자 발생	국민소득 증가에 따른 수입증가로 경상수지 악화(적자 발생 불확실)

② 확장적 금융정책 효과

변동환율제도	고정환율제도
국민소득 증가	국민소득 불변
소비 증가, 투자 불변	소비, 투자 불변
경상수지 개선	경상수지 불변

093 라스파이레스 방식과 파셰 방식

구 분	라이파이레스 방식		파셰 방식	
개 념	기준연도의 거래량을 가중치로 사용하여 물가지수를 계산하는 방식		비교연도의 거래량을 가중치로 사용하여 물가지수를 계산하는 방식	
공 식	수량지수	가격지수	수량지수	가격지수
	$L_Q = \dfrac{P_0 \cdot Q_1}{P_0 \cdot Q_0}$	$L_P = \dfrac{P_1 \cdot Q_0}{P_0 \cdot Q_0}$	$P_Q = \dfrac{P_1 \cdot Q_1}{P_1 \cdot Q_0}$	$P_P = \dfrac{P_1 \cdot Q_1}{P_0 \cdot Q_1}$

094 소비자물가지수(CPI)

① 가계의 소비활동에 필요한 재화 및 서비스의 가격변동을 측정하기 위한 물가지수로, 주요 도시가계가 소비하는 대표적 소비재를 대상품목으로 하여 산정된다.
② 기준연도 거래량을 기준으로 산출하며, 라스파이레스 지수에 해당한다.

095 생산자물가지수(PPI)

① 기업 간 거래되는 모든 재화 및 서비스의 가격변동을 측정하기 위한 물가지수로, 국내에서 생산된 상품과 기업서비스로서 국내의 1차 거래단계에서 거래되는 원자재 및 자본재를 대상품목으로 하여 산정된다.
② 기준연도 거래량을 기준으로 산출하며, 라스파이레스 지수에 해당한다.

096 인플레이션

① 상품과 서비스의 일반적 물가수준이 지속적으로 상승하는 현상을 말하는 것으로, 화폐가치의 하락을 야기한다.
② 인플레이션의 부작용은 인플레이션으로 인해 화폐가치가 하락함에 따라 발생한다. 이러한 부작용으로는 ㉠ 경제주체 간 소득재분배(채권자로부터 채무자로의 부의 이동, 명목임금을 받는 근로자로부터 사업주로의 부의 이동 등), ㉡ 명목 가치가 고정된 금융자산 보유자의 자산가치 하락, ㉢ 메뉴비용(메뉴판을 바꾸는 데 드는 비용) 발생, ㉣ 구매력 하락, ㉤ 가격왜곡으로 인한 자원의 비효율적 배분, ㉥ 구두창비용(현금을 적게 보유함에 따른 비용) 등이 있다.
③ 인플레이션의 원인별 유형에는 수요견인인플레이션(수요 증가에 따른 물가상승), 비용인상인플레이션(원자재, 인건비, 환경비용, 자연재해 등 생산비용 증가로 인해 공급측면에서 발생하는 인플레이션) 등이 있다.

097 디플레이션

① 상품과 서비스의 일반적 물가수준이 지속적으로 하락하는 현상으로, 화폐가치의 상승을 야기한다.
② 부작용으로는 ㉠ 가격 하락으로 인한 생산 감소, ㉡ 생산 감소로 인한 투자와 고용 위축으로 실업 증가, 임금 하락, 소득 감소, ㉢ 채무부담 증가로 인한 금융기관 부실화 등이 있다.
③ 디플레이션의 원인으로는 실물경제규모 대비 통화공급이 적은 경우, 노동생산성 상승으로 인한 총공급곡선의 우측 이동 등이 있다.

098 스태그플레이션

경기침체와 물가상승이 동시에 나타나는 현상을 의미하는 것으로, 원유 등 원자재 가격 상승·자연재해 등 공급측면에서의 충격으로 인해 발생한다.

099 실업률

① 경제활동인구의 구분

전체인구	15세 이상 인구	생산가능인구	경제활동인구	취업자	• 수입을 목적으로 1주일에 1시간 이상 일하는 경우 • 가족이 경영하는 사업체에서 무급으로 1주일에 18시간 이상 일하는 경우 • 일시적으로 휴직하는 경우
				실업자	• 수입을 목적으로 15일을 포함한 지난 1주 동안 1시간도 일하지 않고 지난 4주간 일자리를 찾아 적극적으로 구직활동을 하고 있으며, 일이 주어지면 즉각 할 수 있는 경우 • 일시적인 질병, 구직결과 대기, 자영업 준비 등으로 구직활동을 하지 못한 경우
			비경제활동인구		• 15세 이상의 인구 중 취업할 의사가 없거나, 취업할 수 있는 능력과 의사가 있지만 노동시간의 여건 등의 이유로 지난 1년 동안 구직을 경험하지 못하고 취업을 단념한 경우 • 주부, 학생, 취업준비생, 고령자, 심신장애자, 실망노동자 등 포함
		군인, 재소자, 전투경찰			
	15세 미만 인구(「근로기준법」상의 노동력 제공이 불가능한 연령)				

② 실업 관련 지표

구 분	공 식
경제활동참가율(%)	$경제활동참가율 = \dfrac{경제활동인구}{생산가능인구} \times 100(\%)$ $= \dfrac{경제활동인구}{경제활동인구 + 비경제활동인구} \times 100(\%)$
실업률(%)	$실업률 = \dfrac{실업자수}{경제활동인구} \times 100(\%)$ $= \dfrac{실업자수}{취업자수 + 실업자수} \times 100(\%)$
고용률(%)	$고용률 = \dfrac{취업자수}{생산가능인구} \times 100(\%)$ $= \dfrac{취업자수}{경제활동인구 + 비경제활동인구} \times 100(\%)$

100 필립스곡선

① 단기적으로 인플레이션과 실업률이 역의 관계에 있음을 나타내는 곡선으로, 인플레이션율(세로축)과 실업률(가로축) 평면에서 우하향한다. 즉 실업률이 낮아지면 물가가 상승하므로, 실업률과 물가를 동시에 잡을 수 없음을 나타낸다. 인플레이션율 이외의 요소인 예상물가상승률이 낮아지면 단기필립스곡선은 아래로 이동하고 예상물가상승률이 높아지면 단기필립스곡선은 위로 이동한다.

② 자연실업률 가설에 의하면 장기적으로는 인플레이션율에 관계없이 실업률이 자연실업률 수준에서 일정하며 인플레이션율과 실업률 평면에서 수직의 형태를 가진다. 즉 물가상승률과 실업률은 아무런 관계가 없다. 한편 자연실업률이 상승하면 장기필립스곡선은 우측으로 이동한다.

- 필립스곡선식 : $\pi = -\alpha(u-u_N)$
  ($\pi > 0$, u : 실제실업률, u_N : 자연실업률, α : 경기순환적 실업에 대한 인플레이션의 반응)
- 기대부가 필립스곡선식 : $\pi = \pi^e - \alpha(u-u_N)$
  (π : 인플레이션, π^e : 기대인플레이션, u : 실제실업률, u_N : 자연실업률, $u-u_N$: 경기순환적 실업, α : 경기순환적 실업에 대한 인플레이션의 반응)

101 자연실업률가설

프리드먼(Friedman)과 펠프스(Phelps)가 고전적 필립스곡선에 자연실업률 및 적응적 기대인플레이션을 부가하여 주장한 가설로, 단기에는 실업과 인플레이션율 간 상충관계가 존재하지만 장기적으로는 상충관계가 존재하지 않으므로 정부의 확장적 총수요관리정책은 물가상승만 유발하게 된다.

102 적응적 기대와 합리적 기대

적응적 기대	합리적 기대
과거의 정보를 이용하여 미래를 기대	현재 이용가능한 모든 정보를 이용하여 미래를 기대
단기의 기대는 오류(체계적 오류)	예상된 정책은 단기에도 정확히 기대
장기에 정확히 기대	예상되지 않은 정책은 단기에 기대하지 못하고 장기에 정확히 기대, 다음에 같은 정책을 반복하면 단기에 정확히 기대(체계적 오류×)

103 고전학파와 케인즈학파의 경제관 비교

구 분	고전학파	케인즈학파
이자율의 결정	대부자금시장	화폐시장
국민소득의 결정	총공급	총수요(와 총공급)
물 가	신축적	단기에 경직적 장기에 신축적
고 용	완전고용상태	실업 존재
화폐의 중립성	장단기 모두 성립	장기에만 성립

104 새고전학파와 새케인즈학파의 경제관 비교

구 분		새고전학파	새케인즈학파
공통점	기 대	합리적 기대	합리적 기대
차이점	시장청산여부	시장청산	시장청산(✕)
	가격변수의 신축성	매우 신축적	신축적(✕)
	시장형태	완전경쟁시장	불완전경쟁시장
	개별기업의 역할	가격수용자	가격결정자
	경기안정화정책의 효과	효과(✕)	단기적 효과 있음
	경기변동의 발생원인	공급측 충격	수요측 충격

105 경기종합지수(CI)

① 국민경제 전체의 경기동향을 파악하기 위해 국민경제의 각 부문(고용, 생산, 소비 투자, 대외, 금융)을 대표하고 경기 대응성이 높은 경제지표들을 선정한 후 이를 가공·종합하여 작성하는 것이다.

② 경기에 민감하게 반응하는 경제지표들의 전월 대비 증감률을 합성하여 작성하며, 이를 통해 경기변동의 속도와 크기 등을 파악할 수 있다.

③ 비교적 가까운 장래의 경기 동향을 예측하는 선행지수, 현재의 경기 상태를 나타내는 동행지수, 경기 변동을 사후에 확인하는 후행지수의 3가지로 구성된다.

선행종합지수	동행종합지수	후행종합지수
구인구직비율, 재고순환지표, 소비자기대지수, 기계류 내수출하지수, 건설수주액, 수출입물가비율, 코스피지수, 장단기금리차	비농림어업취업자수, 광공업 생산지수, 서비스업 생산지수, 소매판매액지수, 내수출하지수, 건설기성액, 수입액	상용근로자수, 생산자제품재고지수, 도시가계소비지출, 소비재수입액, 회사채유통수익률

106 기업경기실사지수(BSI)

① 전반적인 경기동향을 파악하기 위해 기업활동의 실적·계획, 경기동향에 관한 기업가의 의견을 직접 조사하여 이를 지수 화한 것이다.

② 경기전망에 대해 긍정적으로 응답한 업체 수에서 부정적으로 응답한 업체 수를 차감한 후 이를 전체 응답업체 수로 나눈 후 100을 곱하고 100을 더하여 구한다.

$$BSI = \frac{긍정적\ 응답업체\ 수 - 부정적\ 응답업체\ 수}{전체\ 응답업체\ 수} \times 100 + 100$$

③ 기업실사지수는 100을 기준으로 하여 100 이상인 경우 경기를 긍정적으로 보는 업체가 더 많고, 100 미만인 경우 경기를 부정적으로 보는 업체가 더 많은 것으로 해석된다.

107 화폐적 균형경기변동이론(MBC)와 실물적 경기변동이론(RBC)

☑ 1회독 ○△✕ ☑ 2회독 ○△✕

구 분	화폐적 균형경기변동이론(MBC)	실물적 경기변동이론(RBC)
경제학자	루카스(Lucas)	키들랜드(Kydland), 프레스콧(Prescott)
경기변동의 요인	예상치 못한 통화량의 변화	기술혁신, 경영혁신, 노동과 자본의 질적 변화, 에너지 개발, 기후변화, 정부규제의 변화 등
내 용	불완전한 정보하에서 예상치 못한 화폐적 충격이 경제주체들의 물가변동에 대한 기대에 오류를 발생시킴으로써 경기변동이 일어난다는 경기변동이론	경기변동을 유발시키는 확률적인 실물적 충격 요인을 강조하는 경기변동이론

108 솔로우의 성장이론

☑ 1회독 ○△✕ ☑ 2회독 ○△✕

① 기술수준이 모형의 외부에서 결정되므로 외생적 성장이론이라고 한다.
② 1인당 실제투자액과 1인당 필요투자액이 일치하여 1인당 자본량이 더 이상 변하지 않는 상태를 균제상태(Steady State) 또는 정상상태라고 한다.
③ 균제상태에서는 경제성장률, 인구성장률, 자본증가율이 모두 일치한다.
④ 저축률이 상승하면 균제상태의 소득수준이 높아진다.
⑤ 인구증가율이 높아지면 1인당 자본량과 1인당 생산량은 감소하지만 균제상태에서는 경제성장률과 인구증가율이 일치하므로 새로운 균제상태에서의 경제성장률은 이전보다 상승한다.
⑥ 지속적인 기술진보만이 지속적인 경제성장을 설명할 수 있다.

109 내생적 성장이론

☑ 1회독 ○△✕ ☑ 2회독 ○△✕

① 학습에 의한 외부효과가 발생하면 경제 전체적으로 생산함수가 규모에 대한 수익체증을 나타내어 지속적인 경제성장이 가능하다.
② 연구개발 등으로 기술축적이 이루어지면 지속적인 성장이 가능하다.
③ 인적자본의 외부효과로 인적자본 축적이 이루어지면 규모에 대한 수확체증이 발생하여 지속적인 성장에 기여한다.
④ 금융시장이 발달하면 저축이 증가하고 투자의 효율성이 개선되어 경제성장이 촉진된다.
⑤ 내생적 성장이론에서는 국가 간 소득수준의 수렴현상이 나타나지 않으므로 국가 간 경제성장률의 격차를 설명할 수 있다.

국제경제학

PART 03

110 헥셔-올린 정리

☑ 1회독 ○△✕ ☑ 2회독 ○△✕

① 헥셔-올린 정리는 각국의 생산함수가 동일하더라도 각 국가에서 상품생산에 투입된 자본과 노동의 비율이 차이가 있으면 생산비의 차이가 발생하게 되고, 각국은 생산비가 적은 재화에 비교우위를 갖게 된다는 정리이다.
② 헥셔-올린 정리에서 각국은 자국에 상대적으로 풍부한 부존요소를 집약적으로 사용하는 재화생산에 비교우위가 있다. 즉, 노동풍부국은 노동집약재, 자본풍부국은 자본집약재 생산에 비교우위가 있다.

111 요소가격균등화 정리

☑ 1회독 ○△✕ ☑ 2회독 ○△✕

① 요소가격균등화 정리란 자유무역이 이루어지면 양국의 재화 가격뿐만 아니라 생산요소 가격 또한 절대적·상대적으로 같아진다는 것이다.
② 이는 국제무역이 간접적으로 생산요소를 교환하는 것과 동일한 효과를 갖는다는 것을 의미한다.

112 스톨퍼-사무엘슨 정리

☑ 1회독 ○△✕ ☑ 2회독 ○△✕

① 스톨퍼-사무엘슨 정리는 무역으로 인한 계층 간 실질소득의 분배와 관련된 이론이다.
② 한 재화의 상대가격이 상승하면 그 재화에 집약적으로 사용되는 생산요소의 실질소득은 절대적·상대적으로 증가하고, 다른 생산요소의 실질소득은 절대적·상대적으로 감소한다는 정리이다.

113 립진스키 정리

① 립진스키 정리는 무역과 경제성장에 관련된 이론이다.
② 한 생산요소의 부존량이 증가하면 그 생산요소를 집약적으로 사용하는 재화의 생산량은 증가하고 다른 재화의 생산량은 감소한다는 정리이다.
③ 이 정리는 경제성장과 산업구조의 관계를 파악하는 데 중요한 단서를 제공해 준다.

114 레온티에프의 역설

① 1947년 미국의 경제학자 레온티에프는 다른 나라에 비해 자본이 상대적으로 풍부한 미국이 오히려 자본집약재를 수입하고 노동집약재를 수출하는 현상을 발견하였다.
② 이와 같이 헥셔-올린 정리와 정반대되는 레온티에프의 실증분석결과를 레온티에프의 역설(Leontief Paradox)이라고 한다.
③ 이후 레온티에프 역설의 발생 이유를 설명하기 위한 다양한 시도와 수많은 실증 분석이 이루어졌고, 이후 보다 세분화된 대규모의 자료를 이용한 실증 분석은 대체로 헥셔-올린의 예측과 일치한 것으로 나타났다.

115 산업 간 무역과 산업 내 무역

구 분	산업 간 무역 (Inter-industry Trade)	산업 내 무역 (Intra-industry Trade)
개 념	서로 다른 산업에서 생산되는 재화의 수출입	동일한 산업 내에서 이루어지는 재화의 수출입
무역의 발생원인	비교우위	규모의 경제와 독점적 경쟁
적용 사례	경제발전 정도가 상이한 후진국과 선진국 간에 주로 발생함	경제발전 정도가 유사한 선진국과 선진국 또는 후진국과 후진국 간에 발생함
무역으로 인한 소득재분배	무역으로 인한 소득재분배가 발생함	무역으로 인한 소득재분배 발생 정도가 크지 않음
무역이익의 원천	상대가격의 변화로부터 발생함	시장 확대로 생산규모가 커지면 생산비용이 하락하여 재화가격이 하락함

116 관세장벽의 종류

구 분	내 용
반덤핑관세	부당하게 낮은 가격으로 수출된 제품으로 수입국 산업이 피해를 입었을 때 수입국에서 부당가격에 관세를 부과하는 것을 의미한다.
상계관세	수출국으로부터 장려금이나 보조금을 지원받아 가격경쟁력이 높아진 물품이 수입되어 국내 산업이 피해를 입을 경우, 이러한 제품의 수입을 불공정한 무역행위로 보아 이를 억제하기 위해 부과하는 관세를 의미한다.
보복관세	자국 상품에 대해 불리한 대우를 하는 나라의 상품에 대한 보복의 성격을 띤 관세를 의미한다.
긴급관세	국내산업을 보호하기 위해 긴급한 조치가 필요하거나, 특정물품 수입의 긴급한 억제 등의 필요가 있을 때 특정물품의 관세율을 높여서 부과하는 관세를 의미한다.
할당관세	국내산업 지원을 위해 국내에서 생산되지 않는 기초원자재 등 특정 수입품에 부과하는 관세로서 정부가 정한 일정수입량 까지는 저율의 관세를 부과하고 이를 초과해 수입되는 물품에는 고율의 관세를 부과하는 것을 의미한다.

117 비관세장벽의 종류

구 분	내 용
수입할당제 (Import Quota System)	비관세장벽 중 가장 많이 이용되는 제도로, 특정상품의 수입을 일정기준에 따라 할당하여 일정기간의 수입수량 또는 금액을 제한하는 제도이다.
수출자율규제 (Voluntary Export Restraint)	수입국이 수출국에게 압력을 가하여 수출국이 자율적으로 수출물량을 일정수준 이하로 억제하도록 하는 제도이다.
수입허가제 (Import Licence System)	일정한 상품을 수입할 때는 정부의 허가를 받아야 하는 제도를 말한다.
수입과징금 (Import Surcharge)	수입을 억제하기 위해 수입상품에 부과하는 특별관세나 부가세를 의미한다.
수출보조금 (Export Subsidy)	국가 혹은 공공단체가 국내생산물의 수출을 증가시키기 위해 국내 수출산업이나 또는 수출업자에게 제공하는 재정적 지원을 의미한다.

118 J-curve 효과

① 평가절하를 실행하면 일시적으로는 경상수지가 악화되었다가 시간이 지남에 따라 개선되는 효과를 말한다.
② 평가절하가 이루어지면 단기에는 수출가격이 하락하나 수출물량이 별로 증가하지 않으므로 수출액이 감소하여 경상수지가 악화된다.
③ 평가절하가 이루어져서 수출가격이 하락하면 장기에는 수출물량이 점차 증가하여 수출액이 증가하므로 경상수지가 개선된다.

구 분	구매력평가설 (Purchasing Power Parity ; PPP)	이자율평가설 (Interest Rate Parity Theory ; IRPT)
개 요	• 경상수지 관점에서 환율을 설명 • 환율은 양국 통화의 구매력 차이로 결정된다는 이론 • 일물일가의 법칙을 국제시장에 적용한 이론으로 물가가 신축적인 장기에 환율의 움직임을 잘 설명	• 자본수지 관점에서 환율을 설명 • 양국 사이의 명목이자율 차이와 환율기대변동률 관계를 설명하는 이론 • 양국 간 자본이동이 완전히 자유로운 경우에는 국내투자수익률과 해외투자수익률이 동일해야 함 • 일물일가의 법칙을 금융시장에 적용한 이론
문제점	• 현실적으로는 수송비·관세 등으로 일물일가의 법칙이 성립하지 않으며, 국제무역의 대상이 되지 않는 수많은 비교역재가 존재 • 구매력평가설은 환율결정요인으로 물가만 고려하고, 외환의 수급에 영향을 미치는 다른 요인들을 고려하지 못함	• 자본통제와 같은 제도적 제약이 존재하거나 거래비용으로 인해 국가 간 자본 이동성이 불완전한 국가들 간에는 이자율평가설이 잘 성립되지 않음
평 가	• 단기적인 환율의 움직임은 잘 나타내지 못하지만 장기적인 환율의 변화추세는 잘 반영함 • 무역장벽이 낮고 거래비용이 적은 선진국들 사이에서 잘 적용된다는 사실을 실증분석을 통해 알 수 있음	• 이자율평가설이 얼마나 현실에서의 환율 움직임을 잘 설명하는지는 자본이동이 얼마나 자유로운지에 달려있음

구 분	고정환율제도	변동환율제도
개 념	정부가 특정 통화에 대한 환율을 일정 수준으로 고정시키고 이를 유지하기 위해 중앙은행이 외환시장에 개입하는 제도	환율을 외환시장의 수요와 공급에 의해 자유롭게 결정되도록 하는 제도
장 점	• 환율이 고정되어 환위험이 없으므로 국제무역과 국제 간 자본거래가 확대됨 • 환투기를 노린 국제 간 단기자본이동이 제거됨	• 국제수지 불균형이 환율변동에 의해 자동적으로 조정됨 • 국제수지를 고려하지 않고 재정·금융정책의 실행이 가능함
단 점	• 국제수지 불균형이 자동적으로 조정되지 못함 • 고정환율제도하에서는 충분한 외환준비금이 필요함	• 환율변동에 따른 환위험 때문에 국제무역과 국제투자가 저해됨 • 인플레이션에 대한 저항이 약함
국제수지불균형	조정되지 않음	환율변동을 통해 자동적으로 조정
환위험	환투기 발생가능성 낮음	환투기 발생가능성 높음
국제무역과 투자	환율이 안정적이기 때문에 국제무역과 투자가 활발히 일어남	환위험이 크기 때문에 국제무역과 투자가 저해됨
해외교란요인의 파급 여부	국내로 쉽게 전파됨	국내로 쉽게 전파되지 않음
금융정책의 자율성 여부	금융정책의 자율성 상실	금융정책의 자율성 유지

MEMO